名文どろぼう

竹内政明

文春新書

745

わが愛する×××に
感謝の真心をこめて

これを献辞という。スティーヴン・キングは怖い小説『ミザリー』のなかで、主人公の流行作家に語らせている。


作家がよく本の初めに献辞をつけるのは、書き終えてから、それまでの自己本位の態度が空恐ろしくなるからなのさ。

——スティーヴン・キング「ミザリー」(矢野浩三郎訳、文春文庫)

本書は引用だらけの本である。ひとさまが心血を注いで編み出した言葉や文章を借りてきて、勝手放題に使わせてもらった。それこそ〈自己本位〉の産物だろう。ちょっぴり空恐ろしくなったので、献辞を掲げた。原著者の方々が各自、空欄「×××」をご自分の名前で埋めてくだされば幸いである。

——筆者

はじめに

雨の結婚披露宴で二度、三度、〈雨降って地固まると申します〉という来賓の祝辞を聞いたことがある。そのたびに、どうもしっくりこない。

勤める会社が倒産して新郎が失業の憂き目に遭ったものの再就職先がようやく決まったとか、新婦が大病をしたものの平癒したとか、望ましくない出来事を乗り越えて迎えた佳《よ》き日ならば、それもいい。順風満帆の門出にはどうだろう。

フルは千年、アメは万年と申します。

――落語「正月丁稚」（「桂米朝コレクションⅠ」、ちくま文庫）

あいにくの天気を吉兆に仕立てたいのであれば、こちらのほうが気が利いている。「同僚が嫌なヤツばかりでね。会社、辞めちゃおうかな」とぼやく人に、ありきたりな〈石の上にも三年〉を説いたところで心には響くまい。差別と迫害に耐え、一生を旅に生きて国の無形文化財になった瞽女《ごぜ》、小林ハルさんの言葉はどうだろう。

いい人と歩けば祭り
悪い人と歩けば修業

——小林ハル（山折哲雄「『歌』の精神史」、中公叢書）

上司から〈働くとはハタ（周囲）をラクにさせることなんだぞ〉と陳腐な言い回しで説教をされたとき、ただうつむくのもいいけれど、

それなら「ジダラク」（自堕落）の方が、自他ともに楽になるから、一層よいのではないか。

心のなかで舌をペロッと出したほうが気が晴れるかも知れない。

――田中美知太郎「哲学談議とその逸脱」(新潮選書)

マネーゲームに踊り狂った揚げ句に富と名声をなくした経営者を語るとき、型どおりの〈おごる平家は久しからず〉よりは、

踊る平気は久しからず

――江戸の地口(『岩波ことわざ辞典』、岩波書店)

ひとひねりしたほうが、読み手の目には新鮮に映るはずである。

新聞社に籍を置いて三十年、しゃれた言葉や気の利いた言い回し、味のある文章を、半分は仕事の必要から、半分は道楽で採集してきた。本書ではコレクションの一部をご覧いただく。

引用とは他人のフンドシで相撲を取るようなものだから、題名は『フンドシ博物館』でもよかったが、それではあんまりなので『名文どろぼう』とした。

ここでいう名文とは〈心をくすぐる言葉、文章〉のことで、世間一般の定義よりはいくらか幅が広いかも知れない。笑い、涙、吐息……くすぐられた心から生まれるものはさまざまである。法律の条文もあれば、ダジャレもある。五歳児が口にした名文もあれば、たった三文字の名文もある。

書いていて楽しかった。日本語にまさる娯楽はないと思っている。

竹内　政明

二〇一〇年三月

名文どろぼう　目次

II

III

Ⅰ

ネクタイを上手に締める猿を飼う

——森中恵美子

（田辺聖子「川柳でんでん太鼓」、講談社文庫）

言葉と玩具

テレビで見る傑作な物まねを楽しんでいたので、タレントの松村邦洋さんが急性心筋梗塞で倒れたと聞いたときは心配した。幸い深刻なことにはならず、今はまた元気な顔を見せてくれている。

安心したついでに、思い出したダジャレがあった。

命あってのモノマネ

――高田文夫「娯楽・極楽・お道楽」（中公文庫）

放送作家の高田さんは松村さんの師匠筋にあたる。このダジャレが活字になったのは松村さんが倒れる四年前のことで、現実のほうがダジャレを模倣したらしい。「日本一の子分肌」（高田さんの命名）という異名を裏切らず、師匠の旧作に体を張って光をあてるとは、松村さんほど師匠孝行の弟子はそういない。

高田さんは当代きっての、ともいえるダジャレの名手で、〈向かうところ手品師〉や〈モグリよ今夜もありがとう〉などの作品も気に入っている。

いずれも、「命あっての物種《ものだね》」や「向かうところ敵なし」、あるいは『夜霧よ今夜も有難う』という原典を知らない人には面白くもおかしくもない。知らない人が増えてくれば、ダジャレの寿命はそこで尽きる。

四十にしてマドモアゼル

——戸板康二「夜ふけのカルタ」（三月書房）

劇作家の戸板さんが半世紀近く前につくった論語もじりの名作も、「適齢期」という言葉からして口にしにくいご時世を迎えては、いずれ滅びていくしかあるまい。

ユズよりスダチ

——志賀直哉（関森勝夫「文人たちの句境」、中公新書）

〈氏より育ち〉という言い回しを耳にしなくなった今、この一句が鍋を囲んだ席で交わされることもなかろう。

なまじ意味が通るから消えていくダジャレがあるかと思えば、逆に、

毒ガス　七月　八月

——四代目鈴々舎馬風（景山民夫「極楽ＴＶ」、ＪＩＣＣ出版局）

無意味ゆえに生きながらえるダジャレもある。能力のある人物が会社人生をつつがなく終えるとは限らないように、意味のあるダジャレが長生きをするとは限らない。

志賀直哉には「なぞなぞ」もあった。

豊臣秀吉の好きだつた西洋野菜と西洋酒があるんだが、何か知つてるかい。

「セロリ新左衛門」と「千のリキュール」。
——志賀直哉（阿川弘之「志賀直哉」、岩波書店）

言葉を玩具に使った遊びは「くだらないね、アハハ」の笑い声こそが最高の賛辞だが、ときには宝石箱にしまっておきたいような芸に出会うこともある。

言葉遊びの名人芸——その一

生粋の東京っ子であった国文学者の池田彌三郎さんが富山県魚津市の女子短期大学に看板教授として赴任したとき、東京にいる親しい仲間が恋しくてならなかったのだろう。文芸評論家の山本健吉さんに便りをしたためた。「こちらの魚はうまいぞ。魚津へ遊びにおいでよ」とは書かず、はがきにはたった一行、

ブリさし　イカさし　さしすせそ
——池田彌三郎（外山滋比古「ユーモアのレッスン」、

中公新書）

東京の山本さんから返信が届いた。「こちらにも、うまいものはあるよ。ちょっと帰って来ないかい」とは書かれておらず、はがきにはたった一行、

タラちり　フグちり　ちりぬるを

山本健吉　（同右）

言葉遊びの名人芸――その二

山本さんの返信にあった「ちりぬるを」は言うまでもなく、イロハ歌の冒頭〈色は匂へど散りぬるを〉から引かれている。このイロハ歌も、

一、　仮名文字すべてを一回ずつ使う
一、　重複して使わない
一、　意味の通じる歌にする

という厳しい制約のもとでつくられた言葉遊びの元祖である。

同じ制約をくぐり抜け、イロハ歌の新作をこしらえた人がいる。画家の安野光雅さんで、品格を備えた七五調の四行詩には故郷・津和野の風景が美しく、さみしく詠まれている。

「つわのいろは」
夢に津和野を思ほえば
見よ城跡《しろあと》へうすけむり
泣く子寝入るや鷺《さぎ》舞ふ日
遠雷それて風たちぬ

——安野光雅(関容子「再会の手帖」、幻戯書房)

ここまでくると、「言葉の遊び」と呼んでいいのか、「脳ミソの虐待」と呼んだほうがいいのか、判断がつかない。才能とは恐ろしいものである。

筆者も言葉を商売道具にしている身なので凝りに凝った自作を披露したいところだが、悲しいかな、自慢できるダジャレひとつない。むかし、麻雀をしていて戦況の不利を嘆き、あぶったスルメをしゃぶりながら〈弱り目にアタリメ〉と愚痴ったのを思い出す程度である。これとて、筆者より先に考えついた人は過去にゴマンといるだろう。「つわのいろは」のあとだけに、身の縮む思いがする。汗かき、恥かき、かきくけこ。

日記と探偵

ちょっと探偵の真似ごとをしてみる。

森繁久彌さんがエッセイのなかで若き日の色ざんげをしている。ある女優と恋仲になったが、その人は永井荷風の愛人でもあったという。森繁さんが彼女を荷風邸に車で送っていく場面があったり、荷風仕込みと思われる閨房《けいぼう》の風変わりな儀式に触れたくだりがあったりするのだが、そこは省略する。

嫉妬に駆られた森繁さんがある日、激情のはけ口に何か無茶をしたかったのだろう、女性を拉致するかのように有無を言わさず、箱根に伴ったことがある。宿にて。

やがて箱根でマージャンをしている古川緑波《ろっぱ》さんのところへ着き、「ヨウ、ヨウ」と迎えられた。

「皆さん、マージャンが済んだら、面白いものをお見せします。こいつが今の私のレコ（小指）です。皆さんの前でコレとの実演をお目にかけます……」

——森繁久彌「もう一度逢いたい」（朝日新聞社）

昔かかわりのあった女の名前などは明かさないのが男のたしなみで、森繁さんも書いていない。ここで稀代の〝日記魔〟古川ロッパの出番となる。

三月二十七日（火曜）晴

箱根湯本へ。（中略）早速雀台来り、宿の息子が相手をするといふ。堀井・石井・僕の四人。（中略）段々とつき始め、終りにはトップとなる。此《こ》の雀中、森繁久弥が情婦（ロック座の女優××××）と共に到着することなどあり。

——「古川ロッパ昭和日記」昭和二十六年分（晶文社）

箱根という場所。麻雀をしているロッパ。女優同伴の到着。この三条件を満たす出来事がそう何度もあったとは思われないから、日記に実名のしるされた女性が「荷風の人」かも知れない。ただし、森繁さんのエッセイでは時代劇のスター片岡千恵蔵も宿にいたことになっているが、ロッパの日記にその記述はなく、確証を得たとも言いがたい——と、心根の卑しい詮索はこのあたりにしておこう。

「長生き」をもじった「長死に」という言葉が『東海道中膝栗毛』に出てくる。弥次郎兵衛が日坂《にっさか》（静岡県掛川市）の宿で巫女《みこ》さんに頼み、死んだ女房の霊を呼び出してもらうくだりである。墓参りはしてもらえない、水ひとつ供えてくれる人もいないと、霊が嘆く。

ほんに長死をすれば、いろいろな目にあいますぞや。

——十返舎一九「東海道中膝栗毛」（岩波文庫）

荷風先生もいま、「ナガジニはするものでない」と苦々しくこの一文を読み返し、泉下で口を「へ」の字に結んでいるかも知れない。それもこれも、

俺は日記をつけるために生きてゐるのだ。日記のための人生、だから貧乏すらサカナになる。

——「古川ロッパ昭和日記」昭和三十三年八月二日付（晶文社）

克明にして、膨大にして、自身の恥辱になる出来事も洗いざらい記録したロッパその人なればこそ、だろう。日記から人物評をいくつか拾ってみる。

永六輔インターヴィウに来る。好青年なり。

——同右　昭和三十年十一月九日付（同）

渥美清（こいつ無礼）

——同右　昭和三十五年四月十四日付（同）

美空ひばりといふ笠置（シズ子）の真似して歌ふ十二歳の少女、まことに鮮やかであり、気味わるし。

——同右　昭和二十四年三月二十四日付（同）

二時半に母上と日劇へ。エノケン（榎本健一）の「江戸ッ子健ちゃん」を見た。エノケンより、中村正常の娘メイコなる少女の巧まざる演技（？）には涙の出るほど感激した。

——同右　昭和十二年五月六日付（同）

喜劇界でロッパと双璧をなす日記魔に、話術の大家、徳川夢声がいる。戦時中、関西方面へ慰問に出向いた折、大阪鉄道局を表敬訪問した。

大阪鉄道局長に面会する。四十ぐらいの色浅黒き好男子である。高貴な方の感じだ。（中略）最近着任したばかりだと言う。秀才型である。どうもこの立合は私の負けであったらしい、

——徳川夢声「夢声戦争日記」昭和十九年五月十三日付（中央公論社）

各界名士との面会には慣れている夢声が、一役人に気合負けした。局長の名前はしるされていない。誰だろう。「エリート運輸官僚で男前」という人物には一人、心当たりがある。

昭和十九（一九四四）年四月二十二日――大阪鉄道局長となる

――佐藤栄作略年譜（『日本宰相列伝　佐藤栄作』、時事通信社）

ひと目みて、「この男、ただ者ではない」と見抜いたあたり、ラジオの朗読で十八番にした宮本武蔵さながらであり、夢声翁の慧眼《けいがん》は見事というほかはない。

漂泊の俳人、種田山頭火に日記の句がある。

焼捨てて日記の灰のこれだけか

――種田山頭火（小池民男「時の墓碑銘」、朝日新聞社）

日記とは、愛憎を、愚行を、好悪《こうお》の情を、一期一会を、謎を、その他もろもろの歳月を収める容器だろう。それも焼けば、ひと握りの灰にすぎない。人、そのものである。

結婚と四季

先の衆院選で自民党が政権の座を転がり落ちたとき、有権者から愛想を尽かされたさまを熟年離婚になぞらえて短い文章に書いた。引用した川柳がある。

赤い糸　夫居ぬ間にそっと切る

――（全国有料老人ホーム協会「シルバー川柳」入選作）

男女を結びつける運命の絆を「赤い糸」という。ミゾウユウ総理やらモーロー大臣やらにうんざりし、有権者は糸を切ったのだろう。そう推測して借りた一句であったが、殿方のなかには背筋のひんやりした人がいたかも知れない。

熟年世代の離婚が増えている。筆者の知人の知人にも、息子さんが大学を卒業するその卒業式の朝、〈青天の霹靂《へきれき》〉そのままに奥さんから離婚を申し渡された人がいた。年金の制度が改まり、離婚した女性が以前ほどは経済的に困らなくなったことが増加の一因らしい。古びた輪ゴムのように「赤い糸」の切れやすいご時世である。

【あい】（愛）に始まって【をんな】（女）に終わるもの、それは戦前の辞書、【あい】（愛）に始まって【わんりょく】（腕力）に終わるもの、それは戦後の辞書である。

――高見順（見坊豪紀「ことば　さまざまな出会い」、三省堂）

「あい」が冷め、夫は家の外に「をんな」をつくる。戦前の妻は忍従していたが、戦後の妻は黙っていない。口論となり、夫はつい「わんりょく」に物を言わす……というのが高見氏の卓見だが、「わんりょく」で終わらないのが昨今の夫婦関係である。

手もとの国語辞典には、「わんりょく」のあとに一語が追加されている。熟年離婚で家を手放し、どこかの一室で男ひとりの老いを養う。【あい】に始まって【ワンルームマンション】に終わる最新の辞書を見ると、【をんな】で終わった昔が夢のようである。

人はしばしば結婚してから失恋するものである。
結婚とは恋愛が美しい誤解であったことへの惨憺《さんたん》たる理解である。
結婚は恋愛への刑罰である。しかし、すべての人間が受けなければならない刑罰であるから、これに耐えることが必要である。

——亀井勝一郎「青春論」（角川文庫）

「先生、おうちで奥様と何かあったのですか」と心配したくなるほど辛辣を極めた評言だが、〈美しい誤解〉から〈惨憺たる理解〉に至る道筋は、程度の差こそあれ、多くの人が身をもって知っている。

「痛い」
すきになる　ということは
心を　ちぎってあげるのか

だから　こんなに痛いのか

——工藤直子（『工藤直子詩集』、ハルキ文庫）

せつなくもあり、かなしくもあり、それでいて希望めいたものがキラキラし、人生の季節にたとえれば春の夕暮れといったところだろう。いまは夫婦げんかで相手のシャツを引きちぎっている人にも、おのが心をちぎって贈った昔があったはずである。

君は今小さき水たまりをまたぎしかわが磨く匙《さじ》のふと暗《くら》みたり

——河野裕子（岡井隆『現代百人一首』、朝日文芸文庫）

若い妻の歌という。夫の帰りを待ちながら夕食の支度をしているのか、磨いていたスプーンに影が差す。いま、水たまりをまたぎましたね。あなたの影が映りました……。寝ても覚めてもその人のことを思っていなければ、こういう歌はつくれまい。

妻抱かな春昼《しゅんちゅう》の砂利踏みて帰る

――中村草田男（「日本大歳時記」、講談社）

こちらは家路を急ぐ夫である。「妻を抱きたい。さあ、抱くぞ」、性欲も晴朗な詩になることをこの句で知った。砂利を踏む情熱の靴音が聞こえてくる。季語は「春昼」で春の句だが、わが男と女の人生歳時記に分類するならば紛うかたなき真夏の風景である。

母親にあらがふ詭弁のスルドキをわが聴いてゐる参考までに

――島田修三（「島田修三歌集」、砂子屋書房）

妻と息子の口論に耳をすましている。ほほう、倅《せがれ》もなかなかやるわい。その攻め方、いいねェ。今度、使ってみようかしら……。すでにして劣勢の影をまといつつも、妻に論戦を挑む気力を失っていないところは、残暑の熱が残る九月初めの頃合いだろう。

そう、君らにはわかるまいが、五十六十の堂々たる紳士で、女房がおそろしくてうちへ帰れないで、夜中にそとをさまよってるのは、いくらもいるんだよ。

――川端康成「山の音」（岩波文庫）

戦意を喪失し、武装解除の白旗を掲げて、ここまでくると、秋深し、である。田辺聖子さんのエッセイを読んでいて、これぞ冬景色という川柳に出会った。

ネクタイを上手に締める猿を飼う

――森中恵美子（田辺聖子「川柳でんでん太鼓」、講談社文庫）

まなざしにも温度があるようで、この視線があれば冷房は要らない。「赤い糸」をそっと切ったのは遠い昔、もはや糸くずも残っていないようである。ダメ男と罵《ののし》られても、ボンクラ亭主とさげすまれても、人類の一員として扱われているあいだは愚痴を言うまい。

ある酒の席でこの一句を話題にしたところ、「二文字を変えると、ニクタイを上手にセメル猿ですな。同じ飼われるなら、そっちの猿になりたい」と言った妻子持ちの男がいた。そっと切られるクチである。

五と七

憲法に好きな条文がある。内容というよりも俳句調、五七五の調べが気に入っている。

学問の　自由はこれを　保障する
——日本国憲法二三条

条文の執筆者は日本古来の調べを新憲法に刻印し、古き伝統を滅ぼしていく占領体制に抵抗の矢を放った……ということはないにしても、河竹黙阿弥がお嬢吉三《きちさ》の名セリフ〈月も朧《おぼろ》に白魚の〉以下を思いついたときの十万分の一くらいの満足感はあっただろう。

もっとも、憲法ごときで悦に入るのはまだまだ素人であるらしく、餅は餅屋、裁判所判事たちの随筆集には玄人好みの渋い例が二つ引かれてあった。

相続は　死亡によって　開始する
　　　　　　　　　　　　　　——民法八八二条
　　　　　　　　　　（「法窓余話」、財団法人司法協会）

こじきをし　又はこじきを　させた者
　　　　　　　　　　　　　　——軽犯罪法一条二二号
　　　　　　　　　　（同右）

さすがに七七を従えた短歌調は六法全書にも見あたらないようだが、『論語』にはある。

司馬牛が　憂えていわく　人はみな　兄弟あれど　われひとり亡《な》し
　　　　　　——「論語」顔淵第十二（淮陰生「完本　一月一話」、岩波書店）

江戸期にはこの一節をもとにして、和歌の起源は中国にあり、というジョークが知識人のあいだで交わされたという。

呑気《のんき》と見える人々も、心の底を叩いて見ると、どこか悲しい音がする。
――夏目漱石「吾輩は猫である」（岩波文庫）

この一文が多くのひとに親しまれているのは、人の世を見つめる猫の透明にして深遠なまなざしもさることながら、七・五・七・七・七・五の流れる調べがあってだろう。

字余りや字足らずの苦労は、俳句や短歌をかじった人のよく知るところである。季語を含む適当な五文字に〈根岸の里のわびずまい〉を付けて俳句にしたり、適当な五七五のあとに〈それにつけても金の欲しさよ〉と続けて狂歌にしたり、横着な技法が笑い話として伝わっているのも、調べを整えるむずかしさの証しに違いない。

もっとも、文筆のプロフェッショナルにも多少の〝横着〟はあったようで、色紙に揮毫《きごう》を頼まれたときの備えに得意形を用意していた人は多いと聞く。

吉川英治は旅先で迎えた朝、宿の女将《おかみ》から色紙を差し出されることがよくあった。

×××××　けさの女の薄化粧
――吉川英治（扇谷正造「マスコミ交遊録」、文藝春秋

新社）

「初雪や」「梅一輪」、何でもかまわない。天下の国民作家に顔をひたと見つめられ、即興らしき一句を頂戴すれば、厚化粧の女将も胸を熱くしただろう。ワルイ人である。

文壇の蕩児《とうじ》として知られた歌人の吉井勇は、お座敷やバーの綺麗どころから頼まれたときの一首を用意していた。交遊のあった久保田万太郎が、ある対談で明かしている。

粉黛《ふんたい》の仮の姿と思えども　今宵××の美しきかな

――吉井勇（徳川夢声対談集「問答有用　文学者篇」、深夜叢書社）

空欄には「小雪」だの「夕子」だの、相手の名前を入れる。おしろいと眉墨でつくられた偽りの美貌と言われては、「もう先生ったら、それじゃ今度、化粧を落としたところをご覧になって」、膝をキューッとつねってくる女性もいただろう。ワルイ人である。

〈言葉と玩具〉の項にも登場いただいた国文学者の池田彌三郎さんは学生時代、旅先からガールフレンドに宛てた絵はがきに短歌を愛用した。

××××× ××××××× あはれなり 思ふことみな 君にかかはる
——池田彌三郎「暮らしの中の日本語」(ちくま文庫)

空欄は場所と季節に合わせ、「信濃路に梅を訪ねて」「大和路に行く秋惜しみ」などと適当に埋めればよい。どこを訪ねても、何を見ても、ぼくの考えることはすべて君の面影につながっていく、という意味になる。

この歌はもともと、池田さんにとっては学問の師、折口信夫の作という。和歌山出身の教え子が若くして亡くなり、折口が墓参りをして詠んだ追悼の歌、〈紀伊の国の関を越え来てあはれなり思ふことみな君にかかはる〉から借用している。恩師の挽歌を恋歌に仕立てて女友だちに送り、〈相手をちょっと泣かせたものだった〉とは、ワルイ人である。

短歌や俳句に横着な技法があるのだから、同じ七五調の標語にあっても不思議はない。

すすめられ　今はすすめる　××××

——（見坊豪紀「ことばのくずかご六〇年代版」、筑摩書房）

「よいウール」「よいココア」「退職金共済」など、数えたらきりがないほどの使用例が過去にあるという。よし、これを使ってどこかの懸賞標語に応募し、賞金をせしめてやろう。そう考えたあなたはワルイ人……ではなくて、悪い人である。

十年ほど前、経済コラムをまとめて本にした。ひょんなことからベストセラーになるやも知れず、行く先々で色紙とペンを差し出される身になるやも知れず、便利な言葉を探していたところ、新派の名優、花柳章太郎が残した辞世の一句を教えられた。

芸のことただ芸のこと寒の梅

——花柳章太郎（吉川潮「浮かれ三亀松」、新潮社）

よって、文筆渡世の端くれである筆者が自慢とする揮毫の文句は〈文のこと　ただ文のこと　××××〉という。ひょんなことにはならず、著書は初版で絶版になった。色紙とペンが押し寄せてくる事態は生じなかったので、まだ一度も使ったことはない。

父親と血圧

金メダルを二つも手にしながら、「人生最高の喜びではない」、そう語った人がいる。北京パラリンピック男子四百メートル、八百メートル（車いす）の伊藤智也選手である。

生きてきた人生のなかで五番目にうれしい。子供が四人いるので。
——伊藤智也（読売新聞〈五輪特集〉二〇〇八年九月十八日）

子煩悩な人はすでに目が潤んでいるはずである。うなずいて、ひとりつぶやく。生まれたときのあの可愛らしさはどこへ消えていくのだろう。成長とは誕生時の記憶を、子供みずからがナマイキな態度と減らない口で打ち消していく過程をいうのかも知れない。

成長の谷間のころか〈さん〉を抜き生意気がわれを〈おとう〉とぞ呼ぶ
——大森益雄（俵万智「花咲くうた」、中公文庫）

筆者も「おとうさん」から「オヤジ」に変わるまでの何年間か、そう呼ばれていた時期がある。父親からは呼び捨てにされ、自分だけが敬称を使うのは不公平だ、という反発が「おとう」と呼ばせるらしい。このあたりからナマイキの芽が育っていくようである。

「おとうさん」「おかあさん」という呼び名は明治の中ごろ、文部省で国定教科書を編纂する際に執筆者が考案した新語であるという。

おとうさん、おかあさんという言葉まで役所がつくった国は世界にないだろう。
——司馬遼太郎（大野晋編「対談　日本語を考える」、中公文庫）

世の子供たちが言葉の成り立ちを知ったうえで「さん」を省いているはずもないが、歴史の浅い〈つくりもの〉のにおいを幼いなりに嗅ぎ分けて鼻をつまんでいるようにも見え、何だかおかしくもある。

父として幼き者は見上げ居りねがわくは金色の獅子とうつれよ

――佐佐木幸綱（『歌ことばの辞典』、新潮選書）

誰しもわが子の目には威風堂々たるライオンとして映りたいものだが、口笛の吹き方、自転車の乗り方、野球のルールを教え終えたあたりからタテガミは色あせていく。

俺の親父は真面目《まじめ》だった。
背中に〈真面目〉と彫ってあった。

――ツービート（立川談志『談志百選』、講談社）

色あせたからといって、背中に「偉大」と彫るわけにもいかない。

「中年男の唄」詞・遠藤周作、曲・服部公一

息子よ　俺をバカにすな
ニキビの生えた　その面《つら》で
自分ばかりが　日本《ニッポン》を
判ったような　顔するな
あんまり俺をナメとると
俺はこのうち　出て行くゾ
出て行くッタラ　出て行くゾ

——(「倉本聰コレクション11　2丁目3番地」〈と〉の章、理論社)

色あせたからといって、熱唱してどうなるものでもない。

「あわてなさんな」

花をあげようと父親は云う

父親と血圧

種子が欲しいんだと息子は呟《つぶや》く
翼をあげるわと母親は云う
空が要るんだと息子は目を伏せる

道を覚えろと父親が云う
地図は要らないと息子がいなす
夢を見ないでと母親が云う
目をさませよと息子がかみつく

不幸にしないでと母親は泣く
どうする気だと父親が叫ぶ
あわてなさんなと息子は笑う
父親の若い頃そっくりの笑顔で

――谷川俊太郎（谷川俊太郎詩集「魂のいちばんおいしいところ」、サンリオ）

自分も通ってきた道とあきらめれば、血圧を下げる呪文は「あわてなさんな」に尽きるらしい。「父親の若い頃そっくりの笑顔」で思い出した小学一年生の詩がある。伊藤選手の言葉が〈こども賛歌〉の絶唱ならば、こちらは〈父親賛歌〉の絶唱である。

「おとうちゃん大好き」
おとうちゃんは
カッコイイなぁ
ぼく　おとうちゃんに
にてるよね
大きくなると
もっとにてくる？
ぼくも
おとうちゃんみたいに
はげるといいなぁ

――おざわたかゆき（読売新聞〈こどもの詩〉一九八七年六月二十五日）

父親の頭頂部をしげしげ眺め、「おれはオフクロ似だから、まさかね」とつぶやいた息子よ、たかゆき君の爪の垢を煎じて飲め。

英語と憂鬱

銭形平次と女房お静はフランス語が話せた。落語家の三遊亭歌之介さんによれば、である。出かける平次親分を、お静が送る。おまえさん、大切な商売道具は持ったでしょうね。

「ジュテモタ？」
「マダモトラン」

――三遊亭歌之介（長井好弘「寄席おもしろ帖」、うなぎ書房）

爆笑の高座をいつぞや、東京・銀座の落語会で聴いたことがある。そのときは確か、お静は韓国語も話した。針仕事をしていて、ハサミの切れ味に驚いて言う。

ヨーチョンギレルハサミダ！

——三遊亭歌之介（某月某日の落語会にて）

平次夫妻とは違って語学と相性が悪く、つらい目にばかり遭ってきた。そのせいか、外国語で泣いた経験をもつ人はほとんど肉親も同然で、格別の親しみを感じている。

わが愛する人、その一——丸山晩霞《ばんか》

慶應生まれの画家で、水彩画、とくに山岳を描いた作品で知られた。

最初の訪米の時、ワシントンで単独に散歩に出て、八百屋でブドウを買おうとして、小僧に掛け合ったが、言語が通じないものだから、腹を立ててホテルに帰って来た。そして同宿の鹿子木《かごき》孟郎《たけろう》画伯にプンプン言うので、鹿子木氏が「君は店頭で何と言ったのだ」と聞いたら、「あのポルをくれ、と言った」という。「ポルとは何だ」と聞き返すと、「ポルトガル（葡萄牙）のポルだ」と言ったのに、鹿子木氏は驚いたそうである。

——（森銑三編「明治人物逸話辞典」、東京堂出版）

わが愛する人、その二——檀ふみさんの甥《おい》

甥御さんが中学生の頃という。学校で習う以上の学力をつけてやりたい〝伯母ごころ〟から、檀さんが英語の家庭教師を買って出た。

ある晩、レッスンの途中、おふみ先生が例題の一語について解答を求めた。

「エレガントは何の意味？」

「ええと、ええと、ええと」

甥は答へられない。おふみはちよつと気取つてみせる。

「ぢやあね、伯母さんのことを考へてごらん。伯母さんの姿を、人が日本語で上手に言ひあらはすとしたら、どんな言葉を使ふでせう」

「分つた」、中学生が叫んだ。「象だ」

——(阿川弘之「エレガントな象」、文藝春秋)

わが愛する人、その三——某商事会社の社長さん(氏名未詳)

ロシア語の通訳にして優れたエッセイストでもあり、惜しまれつつ早世した米原万里さんの著書に登場する。仕事でアメリカを訪れたが、英語が話せない。商談のスピーチは日本語でしゃべるのを部下に訳させてしのいだものの、最後ぐらいは英語でサービスしようと思ったか、社長は奇怪なひと言で締めくくったという。

ワン・プリーズ(ひとつ、よろしく)

——(米原万里「不実な美女か貞淑な醜女か」、新潮文庫)

英語で話したつもりなのに通じない人がいるかと思えば、日本語で話したのに英語として通じてしまった幸せな人もいる。

終戦まもないころ、混んだ電車にふたり分の席を占領して、ドッカとすわりこんでいる米国婦人がいた。ひとりの日本男子がたまりかねて思わず「ヒキウスメ、ヨリヤガレ」（挽き臼め、寄りやがれ）と口走った。するとそのたくましき体格の婦人は「エクスキューズミー」と聞きまちがえ、ニッコリほほえんでわきに寄ったそうだ。

——金田一春彦「ことばの歳時記」（新潮文庫）

そういう失敗談やまぐれ当たりの成功談ばかり採集しているから進歩がないのだ、という声が聞こえてくる。お説ごもっとも、そこで語学の達人として知られたドイツ人、シュリーマンの言葉にも耳を傾けてみよう。トロイ遺跡の発見者は、英語、フランス語、オランダ語など欧州の十か国語をほとんど独学で習得し、自在にあやつった人である。

彼は〈どんな外国語でもひじょうにらくに覚えられる習得法を見つけた〉そうで、うれしいことに隠しもせず、その方法を著書のなかで披露してくれている。

このかんたんな方法というのは、なによりもまずこうである。声をだして多読すること、短文を訳すこと、一日に一時間は勉強すること、興味あることについていつも作文を書くこと、その作文を先生の指導をうけて訂正し暗記すること、まえの日に直されたものを覚えて、つぎの授業に暗誦すること。

——シュリーマン「古代への情熱」(佐藤牧夫訳、角川文庫)

なんと「かんたん」な方法だろう。もうひとり、未知の言語も半年あれば辞書なしに原書が読めたという無政府主義者、大杉栄に習得法を伝授してもらう。自宅に「英独仏露伊語教授」の看板を掲げていた人で、自分専用の標語をこしらえている。

一犯一語

——大杉 栄(鎌田慧「大杉栄 自由への疾走」、岩波書店)

一回の投獄で、一つの言語をマスターするのだという。たしかに集中できる環境には違いない。その機会に恵まれたとき、参考にさせてもらう。
千里の道も一歩から。きょうはロシア語の単語を一つ覚えた。

ズドラースト一丁（こんにちは）

——米原万里「ガセネッタ&シモネッタ」（文春文庫）

出世と挫折

出世のおまじないがあるという。詩人の薄田泣菫《すすきだきゆうきん》が随筆に書いている。

ここに昔から言い伝えた出世の秘方というものをちょっとお知らせする。それは自分の生れた年から数えて、ちょうど七つ目の干支《えと》を絵にかいて、いつも壁に懸けておくと、立身出世疑いないということだ。

——薄田泣菫「茶話」(岩波文庫)

ここまで読み、七つ目の干支が何であるかを確かめることは誰もがする。その先は二通りに分かれるだろう。フンと鼻で笑って通り過ぎる人よりは、実際にその絵を飾ってみる人のほうが人間の出来はおそらく単純で、無邪気で、心にどこか遊びの部分をもっており、いくらか「かわいげ」のある人物かも知れない。
人のありとあらゆる側面のうち、もっとも得な性分として「かわいげ」を挙げたのは評論家の谷沢永一さんである。

才能も智恵も努力も業績も身持ちも忠誠も、すべてを引っくるめたところで、ただ可愛気があるという奴には叶わない。

——谷沢永一「人間通」(新潮選書)

ということは、壁に絵を飾る人のほうが飾らない人よりも無邪気な分だけ愛されやすいとも言えるわけで、「七つ目の干支」の意味するところはなかなか奥が深い。
谷沢さんによれば、しかし、「かわいげ」は天与の才能であり、誰もが持てるわけではない。かわいげの乏しい人は一段下の長所「律義」を目指せばよい、という。律義ならば才能は不要、努力しだいで手に入る、と。

賞罰にバツイチと書く律義者

――川柳（『「サラ川」傑作選すごろく』、講談社）

「律義」もここまで極めれば「かわいげ」と区別がつかない。鬼に金棒だろう。

とはいえ、かわいげの天分に恵まれず、律義な努力は報われず、悲哀をかこつのが浮世の習いでもある。人生の先輩とはありがたいもので、不運にして志を遂げることのできなかった人のために、心にしみる言葉を残してくれている。

たとえば歌謡曲では、

他人《ひと》に好かれて　いい子になって　落ちていくときゃ　独りじゃないか

――畠山みどり「出世街道」（詞・星野哲郎、曲・市川昭介）

そう、おまえだけじゃない、人の冷酷、組織の非情に、みんな泣いてきたのさ、と。

たとえば短歌では、

笛吹かず　太鼓たたかず　獅子舞の　後足《あとあし》となる　胸の安さよ
——俗謡（「風流俗謡集」、言文社）

そう、獅子頭になって過労死してもつまらないだろう、と。
たとえば詩では、

「座右銘」
暮しは分が大事です
気楽が何より薬です
そねむ心は自分より
以外のものは傷つけぬ
——堀口大學（大岡信編「ことばの流星群」、集英社）

きのうと同じ経営をしていれば、きのうと同じ利益が見込めた昔はいざ知らず、目をつぶって人の首を切らねばならぬ、恨みを買ってでも給料や賞与を削らねばならぬ、なまじ重いポストに抜擢されたばかりに胃薬と親しむ身になった人は世間に多かろう。〈気楽が何より薬です〉の一句がいまほど肌身にしみる時代もない。

休みたい理由がなくて出社する
——川柳（『サラ川』傑作選はらはちぶ」、講談社）

もとは無気力サラリーマンの典型的な生態を詠んだ一句であったはずが、いまはそこに禅味さえ漂う。一切の俗事と欲望から解き放たれた理想郷に思えてくる。

筆者にとって「七つ目の干支」は丑だが、その絵を壁に飾ったことはない。新聞社とは妙な職場で、昇進してペンを取り上げられる者はむしろ不幸であり、出世コースから外れて記事を書きつづける者を幸せとみなす空気が伝統として残っている。

ナントカ部長やカントカ部長に栄進した後輩たちからは日ごろ、「竹内さんがうらやましい。ああ、うらやましい」と妬《ねた》まれてきた。そうだろう、そうだろう、うらやましいだろう……内心、鼻高々でいたのだが、このあいだ中国文学者、高島俊男さんのエッセイを読んでいて少しあわてた。

「うらやましい」というのは、相手を傷つけることなく同情の意をあらわそうとする際のあいさつことばなのであった。相手を傷つけまいとするから、自分を相手より低位におこうとする。身をかがめて「あなたは私より高い、うらやましい」とこうなるわけだ。

——高島俊男「本が好き、悪口言うのはもっと好き」
（文春文庫）

十年以上も名刺の肩書が変わらない境遇を、どうやら同情されていたらしい。泣菫先生は、こうも書いている。

「哲学」はこの世で出世をした輩《やから》は皆馬鹿だという事を教えてくれる学問である。

——薄田泣菫「茶話」（岩波文庫）

ちなみに筆者は学校で哲学を専攻した。これを、先見の明という。

正と誤

歌手の村田英雄さんが『王将』をレコーディングしたときの挿話が残っている。〈うまれ浪花の八百八橋……〉の「ハッピャクヤバシ」を、何度やっても「ヤオヤバシ」と歌う。作詞者の西條八十が「ちょっと、君」と作曲した船村徹さんを陰に呼び、「彼に言ってくれませんかね」、悲しそうに言ったという。伝令を仰せつかった船村さんと、村田さんの会話。

「大阪は橋が多いから八百八橋なんです」
「やおやばしではないんですか」
「八百屋の隣の橋ではないんです」
「そうですか」

――（船村徹「歌は心でうたうもの」、日本経済新聞社）

〝男・村田〟の表情を思い浮かべながら読むと、おかしい。

「八百万の神々」は「ヤオヨロズの神々」で「ハッピャクマンの神々」ではなく、「嘘八百」は「嘘ハッピャク」で「嘘ヤオ」ではなく、なるほど、日本語とはむずかしいものである。誤字や誤読、誤解のなかにはいつも、なにがしかの「なるほど」が宿っている。

なるほど――その一

見坊豪紀《けんぼうひでとし》さんは国立国語研究所の研究部長として、また国語辞典の編纂者として、日本語の用例採集に生涯を捧げた人である。その数、百三十万例とも百五十万例ともいわれる。まずは、見坊コレクションから三つほど。

息子（小三）の持ち帰った書き取りのテストに「女心と心配」と書いて、×がついていた。息子「女という字にウかんむり忘れたの」

――（見坊豪紀「ことばのくずかご」、筑摩書房）

もとは、新聞の読者投稿欄に載った文章という。屋根（ウ冠）の下にいるうちは安心だが、外へ出れば女心が心配になる。年頃の娘をもつ父親には「なるほど」だろう。

なるほど――その二

ある小学生が先生から「きみたちは、進んで人のいやがることをしなくてはいけない」とさとされて、さかんにスカートまくりをして歩いたという話を新聞の投書欄で見たことがあります。

――（見坊豪紀「ことばの海をゆく」、朝日選書）

言い換えるとすれば、「人がいやがってしないことを、きみたちは進んでしなくてはいけない」とでもなるのだろう。なるほど、小学校の先生は大変な仕事である。

なるほど――その三

ある大学生の手紙。

　見識のない先生に、突然、手紙を差し上げます。

――（見坊豪紀「ことばの遊び学」、ＰＨＰ研究所）

「面識のない」の誤りである。その大学生は「見識」を「見て、識《し》っている」の意味だと勘違いしたのだろう。なるほど、大学の先生も大変な仕事である。

なるほど――その四

北原白秋が〈黒衣の旅人〉と評した折口信夫は、あの世からやってきたかと思わせる独特な雰囲気の内側に深い学識を蔵した国文学者である。

作家の丸谷才一さんは若い一時期、熱に浮かされるように折口に傾倒したという。

その熱中のせいでせうね、たしかあれは日本橋辺の裏通りの本屋だつたと思ひますが、入口のところに「折口学入門」と墨で書いたビラを見つけたことがありました。夢中になつて飛び込んで行つて、「『折口学入門』をくれ」と言つたんです。ところが「そんな本はうちに置いてません」と言ふんですね。ビラを指さして「ほら、ここにあるぢやないか」と言ひながらよく見たら、それは「哲学入門」だつた。

——丸谷才一「ゴシップ的日本語論」(文藝春秋)

誤読は無知や軽率の産物とは限らず、なるほど、熱情からも生まれるようである。

なるほど——その五

以下、誤読と誤解に材を得た短歌を三首、引く。

鳥瞰図をとりあえずとよむというを一度《ひとたび》笑いたちまちさみし

——鎌田弘子（大岡信「新折々のうた」、岩波新書）

「あえて……する」の「あえて」は漢字で「敢えて」と書く。「鳥・敢え・図」は誤読のなかでも高級な部類だろう。なるほど、知識も〈過ぎたるはナントヤラ〉のようで。

なるほど——その六

勉強が煮詰まってますと泣く子あり　まづ〈煮詰まる〉を辞書に引け君

——寺井　淳（俵万智「花咲くうた」、中公文庫）

会議などで議論が出尽くし、論点が整理されて問題が解決に近づいたときに〈煮詰まる〉と用いる。煮えすぎて水分がなくなった鍋のようになってしまった脳ミソの窮状を、その子は訴えたかったのだろう。誤用ながら、なるほどと思わぬでもない。

なるほど——その七

「かなしみのあまり」を少女誤りて「おもり」と読めりおもりなるべし
——大江昭太郎（大岡信「第九折々のうた」、岩波新書）

君は間違っていないよ、かなしみはなるほど、胸に沈んでいく錘《おもり》だね、という歌である。誤読のなかに真理が現れるように、誤字のなかに心理が表れる場合もある。

餞別を銭別と書いて本音ばれ
——川柳（「『サラ川』傑作選はらはちぶ」、講談社）

日々の実感ということでいえば、極めつきの「なるほど」である。

金と欲

映画『ジャイアンツ』に、牧場の美しい女主人レスリー（エリザベス・テイラー）と貧しい牧童ジェット（ジェームス・ディーン）の会話がある。

テイラー「お金がすべてじゃないわ」
ディーン「持ってる人はそう言うんです」

――（和田誠「お楽しみはこれからだ」、文藝春秋）

持つ者と持たざる者の、おそらくは永遠に埋まることのない意識の溝がそこにある。牧童ジェットは内気である上に、相手が女主人だから言葉遣いは控えめだが、許されるならばもっと端的に、こう言いたかっただろう。彼の心を代弁した現代短歌がある。

金にては幸福は齎《もたら》されぬといふならばその金をここに差し出し給へ

——安立《あんりゅう》スハル（大岡信「新折々のうた7」、岩波新書）

漂泊の俳人、種田山頭火に〈酔へばあさましく酔はねばさびしく〉という酒を詠んだ句があったが、金銭の場合は「持てばむなしく持たねばわびしく」とでも言おうか、いつの世にも厄介な代物ではある。

明治から大正にかけて東京帝大で経済学を講じた学者に、和田垣謙三がいる。あるとき、学生が「どうすれば金もうけができますか」と質問した。教授の答え。

猿の毛を抜け！

——和田垣謙三（森銑三編「明治人物逸話辞典」、東京堂出版）

MONKEYの「K」を抜けばMONEYになる、と。気の利いた洒落《しゃれ》で学生を煙に巻いたようでもあり、「経済学を何と心得るか」とたしなめたようでもある。

欲深き人の心と降る雪は　つもるにつけて道を忘るる

——落語「夢金」（『古典落語　圓生集〈下〉』、ちくま文庫）

人は二種類に大別できるかも知れない。道を忘れ、毛を抜いて丸裸にする「猿の敵」と、毛をいたわり、抜くのをためらう「猿の味方」である。

猿の敵、その一——猜疑心

酒造と金融で巨万の富を積んだ博多の豪商、島井《しまい》宗室《そうしつ》の遺言状が伝わっている。いわば蓄財の心得集である。賭け事を禁じ、〈米一石に薪いかほどにて……〉と煮炊きに使う薪の節約を説くあたりまではいいとして、次の一条には鬼気迫るものがある。

下人・下女にいたるまで、皆みな、ぬす人と心得べく候

——島井宗室（田中健夫「島井宗室」、吉川弘文館）

使用人は一人残らず泥棒と思え、と。

明治生まれの演歌師、添田唖蟬坊《そえだあぜんぼう》の歌を思い出す。

「あゝ金の世」

強欲非道とそしらうが　我利我利亡者と罵《のの》しろが

痛くも痒《かゆ》くもあるものか　金になりさへすればよい

人の難儀や迷惑に　遠慮してゐちや身が立たぬ

——添田唖蟬坊（出久根達郎「書物の森の狩人」、角川選書）

たとえ嘘でも「奉公人は店の宝、大事にしておくれ」と言い残し、死ぬときぐらいは愛されて死んでもよかろうに、金持ちの心はつくづく分からない。

猿の敵、その二――野放図

締まり屋よりは浪費家のほうがまだマシかといえば、それも程度の問題で、わが米国の同業者は桁《けた》が違う。

新聞王ウィリアム・ハーストは、気ばらしの外出を好み、気ばらしの買物もよくやった。現物も見ないで、スペインのセゴビアの十世紀に建てられた修道院を買った。行くのは面倒と、ニューヨーク州に運ばせた。石造なので一万の部分に解体し、それをおさめる木箱のための製材所を、そばに作った。また、鉄道の本線まで、専用の線路を二十二キロも敷設した。

――アイザック・アシモフ「アシモフの雑学コレクション」（星新一訳、新潮文庫）

さきほどは同業者と書いたけれど、どうも違うような気がする。

猿の敵、その三——破廉恥

第一次大戦の景気に乗じて船会社を興し、「成り金」の代名詞となった人に内田信也がいる。のちに政界に転じ、戦後は吉田茂内閣で農相も務めた。

珍挿話ならいくらでもある。

一例だけを挙げると、政界入り前の成金時代だが、たまたま乗った東海道線列車が転覆事故を起した。彼は寝台車から叫んだ、

「神戸の内田だ。金はいくらでも出す。助けてくれ」と。

おそらく不朽の名言であろう。

——(淮陰生「完本　一月一話」、岩波書店)

ずっと猿の毛をいたわって人生を歩いてきた。ハーストさんや内田さんほどは大量に抜かないとしても、たまには猿の敵にまわっても罰は当たらないだろうと思っている。

ほかに褒めるところがないせいか、昔から耳の評判がいい。「お金がたまりますよ」と言われた回数は数えきれない。生きていくうえで先々の愉しみはいくつかあるが、その一つは「耳の形」である。最近になってその古川柳を知り、困惑している。

なさそうである耳たぶのよい乞食

――（吉澤靖「江戸川柳の魅力」、真珠書院）

答案と白旗

何年か前、信州・松本に「旧制高等学校記念館」を訪ねたことがある。旧制松本高校の跡地、あがたの森公園にあり、松高ゆかりの人々を紹介したコーナーが設けられている。のちの作家、北杜夫さん（本名・斎藤宗吉）が物理の試験で提出した答案が展示してあった。よほど時間を持て余したのだろう、答案用紙に書かれた長い詩から一節を引く。

恋人よ
この世に物理学とかいふものがあることは
海のやうにも空のやうにも悲しいことだ

恋人よ

僕が物理で満点をとる日こそ
世界の滅亡の日だと思つてくれ

僕等には
クーロンの法則だけがあれば澤山だ
二人の愛は
距離の二乗に反比例する

恋人よ
僕等はぴつたりと
抱き合はう！

〈帝国芸術院賞授賞作品〉
——斎藤宗吉（旧制高等学校記念館にて）

授賞うんぬんはもちろんシャレだが、この詩で六十点の合格ラインに一点足りない五十九点をもらったという。ともあれ、栴檀《せんだん》は二葉より芳し、というほかはない。

物理の苦手な人が数学は得意中の得意……ということは、まあ、世の常識としてあるはずもなく、数学の答案には短歌が綴られている。

怠けつつありと思ふな小夜《さよ》ふけて哲学原論をひた読むわれを

――斎藤宗吉（同右）

物理、数学ときて、文学青年泣かせの残る御三家は化学である。北さんのエッセイから作者未詳の名作を引く。

松高生の間で語りつがれた化学の試験の名答案に、「問題を見てピクリンサン、腕の下にはアセチレン……」と出題の薬品名を折りこみ、最後を「どうかスコンク、クレゾール」で収めたアッパレなものがある。

――北杜夫「どくとるマンボウ青春記」（新潮文庫）

北さんの詩は五十九点だったが、七十点をもらった人がいる。先年物故した国語学者の大野晋さんは中学生のとき、化学の試験を漢詩でしのいだ。その末尾の一行。

大教師刮目　宜待来学期
〈大教師よ、刮目し、宜《よろ》しく来学期を待つべし〉
——大野晋（『日本語と私』、朝日新聞社）

北さんの「恋人よ」にしても、氏名不詳さんの「腋の下」にしても、大野さんの「大教師」にしても、絞った知恵のなかに一滴、愛嬌が浮かんでいる。〈出世と挫折〉の項で「かわいげ」の効用に触れたが、答案の作成術にも一脈、通じるものがあるらしい。

かわいげがないばかりに零点をもらったのは文芸評論家の小林秀雄である。東大仏文科の学生だった頃のことで、フランス象徴詩の泰斗、鈴木信太郎教授の試験で提出した答案には無愛想な一行のみを記したという。

斯《か》くの如き問には答えず

——小林秀雄（辰野隆「忘れ得ぬことども」、福武書店）

引用元の辰野氏は当時、鈴木氏の同僚にあたる東大仏文科の教授で、軽妙にして洒脱な随筆の書き手として聞こえた人である。

その頃の卒業論文は、論文審査だけではなく口頭試問もあったという。小林青年の卒業論文は『アルチュウル・ランボウ』、それは見事な出来ばえであったそうだが、のちの〝批評のカリスマ〟は文献の扱いには長じていても、会話のほうは極度に不得手であったらしい。フランス人の先生が発する質問に立ち往生する様子を、辰野氏が活写している。

彼は魚の如くに黙々としていた。

「ランボーは何年に何処《どこ》で生れたか」

「……」

「君の論文はランボーではないか」

「……」

「君はフランス語を話すか」

「ウイ（然り）……トレ・プー（非常に少し）……」

「ランボーの傑作は？」

「ランボー……ランボー……グラン・ポエット（大詩人）……」

これでは何処まで行っても答にも何もなりっこない。アンベル先生もあきれ返って居た。傍にいた僕も少々あきれたので、

「凄げえフランス語だなあ！」

と一寸《ちよつと》冷かして見たくなった。その時の小林君の言い草が頗《すこぶ》る僕の気に入ったので今でも忘れない。棒立に突っ立って、例の愛嬌のない顔で僕を睨みつけながら、

「及第さして下さい！」

——辰野　隆（同右）

こうして書き写していて、確信に近いものを得た。辰野先生は嫌いだったな、彼のことを。詩だろうと、短歌だろうと、答案に何を書いてもかまわないが、教訓が一つある。随筆のうまい先生には学ぶべからず。あとで何を暴露されるか分かったものではない。

老いと実り

四十年ほど前に放送された『2丁目3番地』というテレビドラマがある。主人公夫婦を演じた石坂浩二、浅丘ルリ子のご両人が実生活でも役柄と同じ間柄になる、縁結びの役を務めた番組としてご記憶の方もあろう。

姑《しゅうとめ》のマツ（森光子）が何十年かぶりに、初恋の人を訪ねる場面があった。再会の前、マツは亭主の墓参りをして墓前で言い訳をする。

会いたくて会いに行くンじゃありませんよ、用事があるから行くンですよ。誤解しないでくださいよ。ちょいとイヤですよ！　私ゃもう、そんな年じゃありませんよ。

——（「倉本聰コレクション11　2丁目3番地」〈ち〉の章、理論社）

マツは四十八歳の設定である。色恋に卒業の年齢があるとしても、いまの目で見て四十八歳は早過ぎる。放送時から流れた四十年という歳月のなかで見違えて変貌したものは、恋愛の現役選手たらんとする熟年女性の意志であり、意志を裏切らぬ容姿であろう。

遺書書いて　腕立て伏せを　二十回
――「遺言川柳」特選（「遺言川柳」、幻冬舎）

男性は男性で、「ヨボヨボ」と無縁のお年寄りが増えていく。女が美しくなり、男がたくましくなれば理の当然で、ときにロマンスの花がひらく。

老いてなほ艶《えん》とよぶべきものありや　花は始めも終りもよろし
――斎藤　史《ふみ》（読売新聞〈明治・大正人〉一九九八年十二月十二日）

交わす会話も変わらざるを得ない。江戸の俳人、横井也有《よこいやゆう》に狂歌がある。

又しても　同じ噂に　孫じまん　達者じまんに　若きしゃれ言

——横井也有（安西篤子「老いの思想」、草思社）

毎度おなじみの噂ばなし、〃孫バカ〃合戦、健康談議、若者めかした言葉遣い、ああ、年寄りはイヤだ、イヤだ……という歌である。也有先生、そうお嘆きにならずとも遠からず、「ご両人、お安くないね」と天上から声をかけたくなるような艶《つや》っぽい会話が聴けるようになるやも知れませんぞ。

〈ギンコイ〉の言葉たち——その一

〈ギンコイ〉といえば、カラオケのある酒場ではもっぱら「銀座の恋の物語」の略称だが、ここではシルバー世代の恋心という意味の新造語として用いておく。

老《おい》が恋わすれんとすればしぐれかな

――与謝蕪村（芳賀徹「詩歌の森へ」、中公新書）

二百数十年も昔の作とは思えない、現代に通じる感性だろう。「古典」とは古いものをいうのではなく、永遠に古びないものをいうらしい。

〈ギンコイ〉の言葉たち――その二

「広辞苑」の編纂者に一首がある。

喜寿の二字草書にくづしキスとよむ唇さむし秋深くして

――新村　出（出久根達郎「行蔵は我にあり」、文春新書）

思春期を迎えた少年のような初々しさがほほえましい。銀色の初恋もあるだろう。

〈ギンコイ〉の言葉たち——その三

年を取っても元気旺盛な今東光《こんとうこう》に、川端康成が秘訣をたずねた。その答え。

そりゃ、若い女と遊ぶことだ。だけど、年を取って若い女に触ったらヤケドをするから、ストーブにあたるように（手をかざせ）……。

——今東光（瀬戸内寂聴、ドナルド・キーン、鶴見俊輔「同時代を生きて」、岩波書店）

歴戦の雄にして語ることのできる人生の智慧《ちえ》である。

〈ギンコイ〉の言葉たち——その四

ゲーテが八十二歳で亡くなるときに語った臨終の言葉、「光を、もっと光を」は知られている。文豪は、その光で何を見たかったのだろう。

秘書に向かい、「きょうは何日かね?」

「二十二日でございます、閣下」

「そうか。では春になり始めたわけだ」

それから、夢を見て、「あの美しい女の顔が見えないかね?――黒い巻き毛の――すばらしい肌をした――あそこに、あの暗がりをバックにして」

それから、

「鎧戸《よろいど》をあけなさい。光を。……もっと光を」

――ゲーテ(クロード・アヴリーヌ、河盛好蔵訳「人間最後の言葉」筑摩叢書)

女の顔が見たかったらしい。七十四歳で十九歳の女性に結婚を申し込んだ逸話はダテではない。〈世界ギンコイの会〉があれば、文句なしに永世名誉会長だろう。

筆者はこの文章を書いている時点で五十三歳である。老境にはまだしばらく時間があるが、このところ身体、とりわけ歯と髪の傷みが著しい。色気に乏しい後半生は覚悟しつつも、同じ年齢で大歌人が詠んだ歌を知ったときは気が滅入った。

狼になりてねたましき咽笛《のどぶえ》を嚙み切らむとき心和《なご》まむ

――斎藤茂吉（福本邦雄「炎立つとは」、講談社）

五十三歳の茂吉は二十四歳の女弟子に恋をした。恋敵の男に嫉妬して詠んだ一首という。狼になって貴様のノド笛を嚙み切れば、きっと胸のつかえが下りるだろう、と。

かつてピンク・レディーは〈男は狼なのよ　気をつけなさい〉（『ＳＯＳ』、詞・阿久悠、曲・都倉俊一）と歌ったが、狼に卒業の年齢はないらしい。

恋敵のノド笛を嚙み切るとき、入れ歯では様にならない。歯は入念に磨くとする。

II

映らねば　まずはお詫びのＮＨＫ
映らねば　ＣＭに行こう各民放
映らねば　オレが映るとフジテレビ

――山藤章二

（横澤彪、山藤章二「とりあえず!?」、講談社）

芸と鬼

往年の時代劇スター、嵐寛寿郎の当たり役は「鞍馬天狗」である。「アラカンの天狗は人を斬りすぎる」と原作者（大佛《おさらぎ》次郎）の不興を買い、役を取り上げられたことがある。

そら原作者の眼から見たら、ずいぶんと不満もあるやろ、せやけど天狗ワテがつくった。これをいうたらあかん、しかし小説が売れた理由の一つはワテや。ワテの立ちまわりや。あのふくめんかて工夫をしたのはワテや。

昭和二年のデビューから、天狗三十年。それをものともいわせずとりあげよるんダ、役者虫けらや。

——嵐寛寿郎（竹中労「鞍馬天狗のおじさんは」、ちくま文庫）

活字のなかからアラカンその人の声音《こわね》が立ちのぼるような、聞き書きの名文である。俳優も、原作者も、演出家も、脚本家も、興行主も、誰も彼もが生身の人間である以上、芸の旅路に怒りや憎しみとの道連れは避けられないのだろう。

森繁久彌さんが日本記者クラブに招かれ、講演したことがある。ゲストには記念の揮毫《きごう》をしてもらうのが慣例で、森繁さんは自作の一句をサイン帖に記した。

鵜《う》は沈み　鵜は浮き　人は舟の上

——森繁久彌（某月某日、日本記者クラブにて）

首に紐《ひも》を巻かれ、命じられるまま川に沈んでは浮かぶ鵜飼いの鵜を、自身になぞらえている。アラカン節よりも抑制が利いてはいるが、役者の嘆きであることに変わりはない。

北海道・富良野を舞台にしたテレビドラマ『北の国から』が始まったのは一九八一年の十月である。厳しい冬を挟んで翌年三月まで二十四話が放送された。吹雪と、結氷と、山道と、ロケがどれほど苛酷であったかは一話一話を思い浮かべなくても想像がつく。

主人公一家の長男・純を演じた吉岡秀隆さんは当時九歳、妹・蛍役の中嶋朋子さんは八歳だった。脚本を書いた倉本聰さんの回想にある。

これはもう苛酷を通り越して児童福祉法違反もいいとこの撮影現場であったといえる。ある時、純の台本を見たら、「クラモト、死ネ!」と大書されていた。

——倉本　聰「愚者の旅」(理論社)

第二話に、電気も水道もないオンボロ小屋での暮らしに純が音《ね》を上げる場面がある。東京にいる母親のもとに帰らせてほしい。父親・五郎(田中邦衛)におずおずと申し出る。

純　「ぼくの体質には——」
五郎「——」
純　「北海道は合わないと思われ——」
五郎「——」
純　「やはり——東京が——合ってると思われ」

五郎「――」

――倉本　聰「定本　北の国から」（理論社）

台本の落書きを知ってから味わうと、純の、というよりは吉岡少年の切々たる心情吐露に接しているかのようで、おかしい。ぐずりもせず、泣きもせず、不平不満を落書きひとつに封じこめてロケを全うした役者魂は、幼い身であっぱれというほかはない。

雪や氷も難物には違いないが、役者にとって何よりの難物は演出家だろう。映画監督では『祇園の姉妹』や『雨月物語』の名匠、溝口健二が怖い人であったらしい。

撮影の呼吸が中断するのを嫌い、昼休みもセットが組まれたステージから一歩も出なかった。食事もそこでとり、しびんで用を足したという。一つのシーンを三十回、四十回も繰り返させるが、どこがどう駄目かは説明しない。「ハンシャしてください」（監督の想念を受け止め、演技に反射させよ）と言うだけだから、演じる人は困ったろう。

ある映画の撮影で、若尾文子さんが浴びた言葉。

若尾君、キミはダメです。仕方がないからもっと旨《うま》い女優さんを誰かつれて来て、君の役を演ってもらいなさい。その芝居を見て、その通り真似をしてやって見たまえ。

——溝口健二（津村秀夫「溝口健二というおのこ」、実業之日本社）

『山椒大夫』の撮影中、転倒する演技で田中絹代さんが誤って後頭部を強打した。助監督が青くなり、介抱するための休憩を監督に願い出た。そのとき、意識の朦朧《もうろう》となった田中さんの耳に届いた言葉。

田中君、アタマのひとつぐらい何んですかッ！

——溝口健二（同右）

当代の演劇人では、蜷川幸雄さんが怖い人として知られている。〝灰皿を投げる演出家〟の伝説は、東宝演劇『ロミオとジュリエット』の稽古で生まれたという。

蜷川さんは事前に、「稽古初日までに全員、セリフを覚えてきてください」と言い渡してあったが、その俳優はほとんど覚えてこなかった。サングラスをかけ、スリッパを履き、台本片手に平然と稽古場に現れた彼が浴びた言葉。

サングラスを外せ！　ルネサンス時代にサングラスはあったか！　スリッパをはいて広場に出てくる奴がいたか！　台本を離せ！　なぜ、声が小さいんだ！　マイクだから、これでいい？　ばか、シェイクスピアでマイクなんか使わない！

——蜷川幸雄（高橋豊「蜷川幸雄伝説」、河出書房新社）

このあと、灰皿はもちろんのこと、近くにあった物を手当たり次第に投げつけて伝説が誕生したというのだが、芸の世界とはいやはや大変な職場である。どう繕《つくろ》っても俳優に向かない顔と体に産んでくれた母親に感謝するしかない。

勤め人の世界にいる「鬼」などは知れたものである。

頑張れよ　無理をするなよ　休むなよ

——川柳（「『サラ川』傑作選すごろく」、講談社）

ま、この程度の小鬼は純クンの落書きで退治できる。

名前と災難

詩人、堀口大學の「大學」は本名である。家が東京大学の赤門前にあったという。のちに慶応義塾に進むが、名前の由来には悩まされたらしい。

「某氏の一生」
赤門の前に生れて
赤門の鬼に責められ
不敏ゆえ永く学んで
蒲柳《ほりゆう》ゆえ長生きしました

——堀口大學（関容子「日本の鶯」、角川書店）

名前にまつわるこぼれ話は、晩年の回想にもある。

近頃では「貴大学の入学願書を……」なんて問い合わせの葉書が舞い込んだりして、「堀口大学」という学校が葉山にあるのだと思っている若い人もいるらしいけどね。

——堀口大學（同右）

赤門といえば作家にして元文化庁長官、三浦朱門さんの「朱門」も本名である。凝った名前を授かった人の心境を、友人の安岡章太郎さんが考察している。

三浦朱門という名前は、たいそう珍しい。——この名前のおかげで、オレはどんなに迷惑したかわからないというが、私もこんな名前をつけられたら、自分の親父を恨みたくなっただろう。

しかし、この三浦の嘆きは多少とも裏返しになった誇りのようなものかもしれない。すくなくとも軍人の息子である私からみると、こういう凝りに凝った命名をする父親のいる家庭には、いろいろの意味で自由な空気が吹きぬけていただろうな、という気がするのである。

——安岡章太郎（「安岡章太郎エッセイ全集Ｖ」、読売新聞社）

そういえば三浦さんにはかつて、色紙を頼まれると必ずしたためる決まり文句があった。

妻をめとらば曽野綾子

——三浦朱門（読売新聞〈顔〉二〇〇四年十月十四日）

こういうほのぼのとした「おのろけ」をサラリと披露できるのは、安岡さんの言う〈自由な空気〉を呼吸して育ったからであろうし、凝った名前とも無関係ではあるまい。

とりかえしつかないことの第一歩　名付ければその名になるおまえ

——俵　万智「プーさんの鼻」（文藝春秋）

とりかえしのつかないのが命名の儀式であり、もとは〈自由な空気〉のなかから生まれたはずが、〈不自由な現実〉の前で苦労した人も少なくない。

不自由な現実、その一――「難読」

二六歳ごろまで、親父の付けてくれた「廈」という名で世渡りをしていたが、この一字にはまったく苦労をさせられた。「廈」は「ひさし」と読むのが正解なのだが、どなたもそうは読んでくださらぬのだ。「廈門《アモイ》」からの類推だろうが、たいてい「あもい」とお読みになる。また、「か」と読んだ方も多かった。これは「大廈高楼(たいかこうろう)」からきたのだろう。ひどい人になると「ぞうり」なんてお読みになる。なるほど「草履」の「履」の字は「廈」と似ていないこともない。

――井上ひさし「ブラウン監獄の四季」（講談社）

不自由な現実、その二――「舶来」

与謝野鉄幹、晶子は子宝に恵まれた。

晶子は、合計十一人の子どもを産みました。光（長男）――秀（次男）――八峰（長女）、七瀬（次女）＝ふたご――麟（三男）――佐保子（三女）――宇智子（四女）――アウギュスト（四男）――エレンヌ（五女）――健（五男）――藤子（六女）

四男はアウギュストという外国名です。これはパリをおとずれたとき、彫刻家のアウギュスト・ロダンに会えたことを記念してつけられました。五女のエレンヌも外国名です。ものにこだわらない晶子の性格がよくわかりますが、こういう名前をつけられた子どもたちこそ、いいめいわくでした。

――茨木のり子「君死にたもうことなかれ」（童話屋）

何かと不便だったのだろう、アウギュストさんとエレンヌさんは改名したそうである。

不自由な現実、その三――「優美」

名前のことでは苦労させられた。いや、いまでも苦労している。私は挨拶で自分の名を告げるとき、電話口で名を名告《なの》るときに、どうしても躊躇《ちゅうちょ》する。ひっかかる。正直に言って恥ずかしい。

しかしもっと困ったのは軍隊時代で、思いだすと総毛立ってくる。そもそも彼等はヤマグチヒトミなんていう名の存在を認めようとしない。しかも軍隊というところは常に名を名告らないといけない。便所へ行くのにも名告る。「ヤマグチヒトミ厠へ行ってまいります」。ああ気持が悪い。これには参ったなあ。

しかし、私は自分の名前が嫌いではない。星野瞳という方から手紙を戴いたことがあるが、この方はもっと大変だったろう。

——山口　瞳「江分利満氏の優雅なサヨナラ」（新潮文庫）

凝った名前がつづいたので、シンプルな名前でこの稿を閉じる。

太郎とは男のよき名柏餅

——長谷川櫂（句集「初雁」、花神社）

政界の太郎さんが少し株を下げたが、それでもやはり「よき名」である。

母親と涙腺

かぎカッコや句読点も含めてわずか四十字、それで一読、人を泣かせる魔法のような文章がある。福井県丸岡町（現・坂井市）が「日本一短い手紙」の募集を始めて十余年、数々の名作が生まれたが、この一作はなかでも忘れがたい。

修学旅行を見送る私に「ごめんな」とうつむいた母さん、
あの時、僕平気だったんだよ。

――横川民蔵〈石川県、五十五歳〉（文藝春秋二〇〇三年四月号「『日本一短い手紙』10年の傑作選」）

修学旅行どころか、学校と名のつくものには小学校の三年半しか通えなかった人もいる。歌謡界の長老、「バタヤン」こと田端義夫さんは三歳で父を亡くし、人形づくりの内職をしていた母は十人の子供をかかえて苦労した。一家で何度も夜逃げをしたという。

鉛筆も消しゴムも買えない。仕方がないので、ひと目を盗んで小学校のゴミ捨て場に行き、まだ使えそうなちびた鉛筆や消しゴムを拾ってきて使った。子どもたちが楽しみにしている運動会。運動着の無いわたしは、学校を休んで出ないことにしていた。

遠足には、一度も行っていない。

このころ、紅ショウガの「ごちそう」をよく食べた。白米を食べる余裕はまったくなく、主食はいつもオカラ。オカラは当時二銭です。おかずは紅ショウガ。そんな紅ショウガさえ口に入らないほど困窮した。

——田端義夫「バタヤンの人生航路」(日本放送出版協会)

そのお母さんが亡くなったのは一九五五年(昭和三十年)である。田端さんは押しも押されもしない人気歌手になっていた。

葬式の日。わたしは紅ショウガをいっぱい買ってきた。おっ母さんと貧乏をして、夜逃げばかりしていた大阪時代、毎日毎日の食卓を飾った紅ショウガだ。

その紅ショウガを一個一個花びらのようにていねいに薄く切りそろえた。何枚も、何枚も、紅ショウガの花びらを作っては、おっ母さんのひつぎにまいた。

どんなにきれいな花よりも、どんなに高価な花よりも、一枚一枚切り刻んだ紅ショウガの花こそが、何事にも代え難い、わたしのしてあげられる最後の親孝行でした。

――田端義夫（同右）

母性というものを詠んでは当代随一の歌人に河野裕子さんがいる。

その一首。

しつかりと飯を食はせて陽にあてしふとんにくるみて寝かす仕合せ

――河野裕子（大岡信「新折々のうた7」、岩波新書）

しっかり飯を食わすことが親にとって最高の幸福であることを思うとき、食べざかり、育ちざかりの胃袋をオカラと紅ショウガで満たさねばならなかった母の胸中は察するに余りある。世の中で母と子ほど、悲しい、哀しい、愛しい……どの漢字をあてても意味が通う「かなしい」間柄はないだろう。
河野さんの歌をもう二つ引いておく。

子がわれかわれが子なのかわからぬまで子を抱き湯に入り子を抱き眠る
——河野裕子（俵万智「短歌をよむ」、岩波新書）

朝に見て昼には呼びて夜は触れ確かめをらねば子は消ゆるもの
——河野裕子（歌集「紅」、ながらみ書房）

スポーツライターの乙武洋匡《おとたけひろただ》さんは両腕と両脚のない「先天性四肢切断」の障害をもって生まれた。赤ちゃんを見てショックを受けてはいけないと、周囲は母子の対面を先に延ばした。生後一か月がたって、その時が訪れる。

「かわいい。」――母の口をついて出てきた言葉は、そこに居合わせた人々の予期に反するものだった。泣きだし、取り乱してしまうかもしれない。気を失い、倒れこんでしまうかもしれない。そういった心配は、すべて杞憂《きゆう》に終わった。

母がボクに対して初めて抱いた感情は「驚き」「悲しみ」ではなく、「喜び」だった。生後一か月、ようやくボクは「誕生」した。

――乙武洋匡「五体不満足」(講談社)

むかし、お祝い電報のポスターに、

僕が母のことを考えている時間よりも
母が僕のことを考えている時間の方がきっと長いと思う

――NTT(「秀作ネーミング事典」、日本実業出版社)

そういう広告コピーがあったが、母が子に寄せる情はけっして天秤《てんびん》が釣り合うことのない〝永遠の片想い〟であるのかも知れない。遅ればせの親孝行で天秤を釣り合わせようとしても、〈墓に布団は着せられず〉で悔恨の涙にくれた人もあるだろう。

刑務所内の人間模様を描いた安部譲二さんのベストセラーに、岩崎老人という年季の入った受刑者が登場する。親を泣かせていることを気に病む安部さんをいたわってか、「親孝行しようなんて、そんなことは考えなくてもいいのだ」と老人が言う。

誰でも、生れた時から五つの年齢までの、あの可愛らしさで、たっぷり一生分の親孝行はすんでいるのさ、五つまでの可愛さでな。

——岩崎老人（安部譲二「塀の中の懲りない面々」、文藝春秋）

古いアルバムで幼い自分の写真を見ると、おできだらけの汚い顔をしている。一生分はちょっと無理でしたか——今度、墓参りのときにでも母にたずねてみよう。

官僚と悪役

平日の午後、役所に電話したところ、秘書が出た。


「局長と電話で話したいのですが」

「局長はおりません」

「午後は働かないのですか」

「午後は出勤しません。働かないのは午前中です」


——おおばともみつ「世界ビジネスジョーク集」（中公新書ラクレ）

イタリアやメキシコ、ブラジルなどに同種のジョークがあるという。まじめに、こつこつ仕事をしている公務員のほうがおそらく数は多いだろうに、お役人が風刺の対象になりやすいのはいずこも同じのようである。

楽しみは　うしろに柱　まえに酒　左右に女　ふところに金

――狂歌（矢野誠一「落語歳時記」、文春文庫）

もとは商家の大旦那か、軍部のお偉方、成り金の事業家あたりを詠んだ歌だろう。いまではナントカ省からナントカ公団の理事長に天下りした官僚ＯＢをあてはめて読んだほうが、一首の意味は通りやすい。

さあやるか昼からやるかもう五時か

――川柳（「『サラ川』傑作選すごろく」、講談社）

リストラの嵐が吹き荒れる各業界には、こういう「スーダラ節」的な人員を抱えておく余裕はない。民間企業に限って言えば、この川柳は絵空事である。これを例えば社会保険庁職員の生態を描いた一句として味わえば、あら不思議、「こういう仕事ぶりでは年金記録が迷子になるのも道理だ」と誰もが実感し、絵空事は現実の風景に一変する。勤め人にとっての楽園はもはや、お役所の中にしか残っていないのかも知れない。

「お気楽」とともに、人々が役人に抱くもう一つのイメージは「しゃくし定規」だろう。戦時中の検閲に、ひどい例がある。長田秀雄の戯曲『飢渇《きかつ》』を上演するとき、公演の主催者は事前に台本を警視庁に提出した。セリフのなかに「接吻《せっぷん》」という言葉があり、台本はその二文字が墨で消されて返ってきた。

〈検閲前〉　奥さん、どうか一度だけ、接吻させて下さい。
〈検閲後〉　奥さん、どうか一度だけ、させて下さい。
――（車谷弘「銀座の柳」、中公文庫）

検閲済みの台本で稽古をしたとき、そのセリフをしゃべる俳優はグッと言葉に詰まり、「とても、これは言えません」と演出家に泣きついたそうである。

映画では、黒澤明監督に回想がある。『サンパギタの花』という作品を撮ろうとして、内務省で脚本の検閲を受けた。家族で娘の誕生日を祝う場面がけしからん、という。

検閲官は、大体、誕生日を祝うなどという行為は米英的な習慣だ、今時、そんな場面を書くとは、もってのほかだ、と云った。

そこで私は、すかさず、云ってやった。

すると、天長節を祝うのもいけないのですか。天皇の誕生日を祝う、日本の祝日ですが、あれも米英的な習慣で、もってのほかの行為なのでしょうか、と。

検閲官は、真蒼《まっさお》になった。

――黒澤　明「蝦蟇の油」（岩波現代文庫）

先ごろ、新聞でもちょっと騒がれた東京都下水道局の「ワッペン事件」をご記憶の方もあろう。制服二万着を新調した際、いったん作成した胸のワッペンをすべて廃棄し、新しく作り直していた。「東京都下水道局」の文字に添えた水色の波線が内規と違ったという。波線一本あろうと、なかろうと、誰が困る、何の支障がある――と、世間はあきれた。作り直しの費用は三千四百万円也、「しゃくし定規」は平成のいまも健在である。

物理学者で随筆家の寺田寅彦によれば、明治の昔、官職を辞した人、官職にない人を虫けらになぞらえて見下す風潮があったという。

当時の陸軍では非職のことを「げぢげぢ」といふ俗称が行はれて居た。「非」の字の形が蚰蜒《げじげじ》の形態と似通つて居る為である。

――寺田寅彦「げぢげぢとしらみ」(『現代の随想　巻八』、彌生書房)

かつては、退役して民間に転じた人を指す言葉、非職の「非」がゲジゲジに似ていたとすれば、いまは官僚がしばしば発揮してくれる非常識の「非」がそれに似ている。その虫を忌み嫌う民心を追い風にして民主党が躍進したことを思えば、政権交代の主役は自民でも民主でもなく、官僚であったと断じて差し支えあるまい。

四十年ほど前、千葉県松戸市に「すぐやる課」を設けた当時の市長、松本清さんはいつも変わった名刺を携帯していた。

松戸市民のために役に立つ人のいる所(略して松戸市役所)
市長　松本　清
――(扇谷正造対談集「表の風に吹かれろ」、産業能率短大出版部)

あたりまえのことを記した名刺の文言がいまも新鮮に映る、そのさびしさよ。

役人になりたいと思ったことは一度もない。いや、一度あった。開高健さんの小説『新しい天体』を読んだときである。大蔵省で予算が余った。使い切らないと翌年度に減額されてしまう。一計を案じ、「食の現場から景気の実態を探る」というのを口実に、職員の一人を臨時景気調査官に任命して贅沢放題グルメツアーの全国行脚をさせる。ひたすら食べろ、金を使え、と。旅立つ職員を叱咤激励する局長の訓辞を聴いたときは心が揺れた。

ロスチャイルドのぶどう酒、カスピ海のキャヴィア、ペリゴールのフォア・グラ。松阪牛、神戸牛、近江牛、米沢牛、何でも結構。ベルトが切れたら何本でも買いかえなさい。それもツケに入れて請求してくれたらいい。

——開高　健「新しい天体」(新潮文庫)

迷いと占い

作家の井上ひさしさんによれば、世の中には特別な職業が三つあるという。

医者と学者と易者、この三者こそ、あらゆる職業の王である、とわたしには思われる。なぜならこの三者は、自分の意見で他人の生き方を変えることができるからである。

——井上ひさし（「日本の名随筆〈学校〉」、作品社）

他人の生き方を変える、変えない、で言えば、「職業の王」三つのなかで最もムラのあるのが易者だろう。信じる人は神の言葉にでも触れたかのようにとことん信じ、信じない人は一言半句も信じない。たしかに、頼りない易者さんもいる。

易者「お宅の庭に大きな木があるでしょう」
客「ない」
易者「なくてよかった」

――（養老孟司、吉田直哉「目から脳に抜ける話」、ちくま文庫）

そういう易者さんは、ときに近所の子供にも馬鹿にされて商売がしにくい。

易者の前で子供が騒いだり、邪魔したりするので、易者が怒って「お前たちはどこの子だ」と言うと、子供が「当ててみな」

――（池田彌三郎「日本故事物語」、河出書房新社）

信じる人は信じる。米国のロナルド・レーガン元大統領の夫人、ナンシーさんは筋金入りの「信じる人」であったらしい。
ソ連のゴルバチョフ書記長が訪米し、レーガン大統領との間でＩＮＦ（中距離核戦力）

条約に調印したのは一九八七年である。分刻みのスケジュールは安全保障担当のパウエル大統領補佐官が取り仕切った。調印は午前十一時と決まっていたが、直前になって大統領周辺から「午後一時四十五分に変更せよ」と指示が下る。パウエル氏は自伝に書いている。

われわれはこの不可解な要求に合わせるため、根本から予定を変更しなければならなかった。

ナンシー・レーガンは大統領が何時にどこで国事を行うべきかを、占星術師に相談して決めていたのである。そして、このカリフォルニアの占い師ジョーン・キグリーが言うには、星まわりによれば、INF条約の調印は一時四十五分にするのがよろしいということのようだった。

――コリン・パウエル「マイ・アメリカン・ジャーニー」(鈴木主税訳、角川書店)

日本では安保騒動のとき、岸信介首相が「霊能者」としてマスコミにも名の知られた藤田小女姫《こととめ》さんに意見を求めている。引き合わせたのは政治評論家の細川隆元氏である。

岸さんが「細川くん、藤田小女姫に会わせてくれ。そっと会いたい」ということだった。場所も忘れてしまったが、ぼくは会わせた。藤田小女姫に「安保条約は通るか通らんか」と岸さんが訊いた。「断固としておやんなさい。通ります。そのかわりに、通ったあと、あなたの内閣は長く持ちませんよ」と彼女は言った。

——細川隆元「隆元のはだか交友録」（山手書房）

当たるのか、当たらないのか、誰しも興味があるのはそこだろう。若い頃に人生を占ってもらった三人の例を、参考までに引いておく。

その一——喜劇王の場合

チャップリンは二十代半ばで舞台から映画に転身するとき、米国サンフランシスコで「トランプ並びに手相占い（一ドル）」という看板を掲げた占い師に見てもらっている。

そうね、まあ同じような仕事だが、同じじゃない。そしてこの新しい仕事で、あんたは大成功するようだな。そう、そりゃもう途方もない出世だよ。ただなんの仕事だか、それはわたしにもわからん。おやおや、あんたは三度結婚するね。はじめの二度は失敗だけど、最後はうまくいって、子供も三人できる。そう、あんたはたいへんなお金がもうかるよ。これは、あんた、金づくりの手だもんね。あんたは八十二で死ぬな。病気は気管支炎だよ。

——(「チャップリン自伝」、中野好夫訳、新潮文庫)

「途方もない出世」は予言の通りになったが、死去したのは八十八歳である。

その二——小説家の場合

藤沢周平さんが少年の頃である、家で留守番をしていると、まだ三十前とおぼしき見知らぬ男が入ってきた。「水を飲ませてくれ」という。

そのひとは私がさし出した水を飲んだあと、土間に立ったままじっと私の顔を見ていたが、やがて「大きくなったら人にものを教える学校の先生か、物を書く人間になるといいな」という意味のことを言った。私はこれまで一度も、手相を見てもらったことも、観相をしてもらったこともないが、子供のころそう言われたひと言を、時どき恐ろしいもののように思い出すことがある。学校の先生と物書きの両方を体験することになったからである。

——藤沢周平「周平独言」『村に来た人たち』(中公文庫)

その三——トットちゃんの場合

黒柳徹子さんは中学生のとき、東京・東急池上線の長原駅前で易者に手相を見てもらった。

結婚は、遅いです。とても遅いです。お金には困りません。あなたの名前は、津々浦々に、ひろまります。どういう事かは、わかりませんが、そう、出ています。

——（黒柳徹子「トットチャンネル」、新潮文庫）

二十代の初めに手相を見てもらったことがある。「親に縁が薄い」「あとになればなるほど金に恵まれる」「大病はしない」「六十三歳までは見えるが、その先は見えない」等々、いろいろ言われた。そろそろ「六十三歳まで……」うんぬんが気に掛かる年齢を迎え、占いの当たり外れに人一倍の関心を持っている。〈とても遅い〉という黒柳さんの結婚に注意を払っている人が世間に何人いるかは知らないが、筆者はその一人である。

批評と悪口

そういうしぐさをする場面ではないのに、忠臣蔵の四段目で腰元の一人が首をかしげていた。劇作家の安藤鶴夫が雑誌で批判したところ、楽屋から速達が届いた。その文面。

ご自分でやってみせてくださいまし　——腰元一同

——(戸板康二「歌舞伎ちょっといい話」、岩波現代文庫)

ひとの仕事に文句をつけて、「偉そうなことを言うなら、お前、自分でやってみろ」と反撃を食らうことは、世間にもよくある。やってみせるわけにはいかず、さりとて「余計なことを申しました。ごめんなさい」と謝るのもシャクだ、というとき、どうしたらいいのだろう。かの大宰相チャーチルが参考になる言葉を残してくれている。

チャーチルに、ある人がきいた。

「一度も絵を画《か》いたことのないような人が、ただ名士というだけで、美術展の審査員におさまっています。こんなことっていいものでしょうか」

チャーチル、いわく、

「別に悪くないでしょう」

相手が変な顔をするのを見すまして、

「私はタマゴを生んだことは一度もありませんが、それでも、タマゴが腐っているかどうかは、ちゃんとわかります」

——外山滋比古「ユーモアのレッスン」(中公新書)

「お前、自分でやってみろ」と言われたとき、「タマゴは生めません。でも、あなたの生んだタマゴが腐っているかどうかは……」、そう切り返してみる手はありそうである。

四段目の腰元は酷評されたことに我慢がならず、抗議の手紙を書き送ったが、多くの人はじっと無言のうちに耐えて芸を磨くのだろう。小林桂樹さんもそうだったらしい。

終戦の翌年、小林さんは映画『君かと思ひて』(島耕二監督)で初めて二枚目役を演じた。評判は散々だったようで、のちに対談で回想している。聞き手は毎日新聞の学芸記者だった草壁久四郎氏である。

――そういえば、その頃NHKラジオの「週刊芸能展望」という座談会形式の番組に私は出てたのですが、その中でたしか、あなたについて何かしゃべったのですね。あなたの記憶では……。

小林　エエ、「戦後の物資不足とはいえ、ひどい二枚目が出た」と言われました(笑)。

――(草壁久四郎「演技者　小林桂樹の全仕事」、ワイズ出版)

また、こうも語っている。

小林　川口松太郎さんに呼ばれて、「お前、俳優として向かないから、やめないか」って言われた。「君は一生懸命やってるけれども、どうも俳優として向きそうもないから、俺の秘書になれ」って。それでもう困っちゃってね。

——（同右）

向かないはずの人が息の長い名優になるのだから、専門家の批評もあてにならない。真っ当な批評であれ、ゆがんだ中傷であれ、堂々と公表されたものならば、耐えて精進するにせよ、牙をむいて留飲を下げるにせよ、批判された側には対応の仕様もある。厄介なのは、自分のいない所で知らずに交わされる陰口だろう。

なかには、自分に関する陰口を面前で拝聴した、という不思議な体験をもつ人もいる。作家の丸谷才一さんである。あるバーで野坂昭如、杉森久英、丸谷の三氏が「永井荷風研究家」の某氏と同席した。以下、野坂さんの自伝的実名小説から。

どういう風の吹きまわしか、突然、研究家が、「クタニという若い男はけしからん」と、ぶつぶついい出した、丸谷は「ほうほう」うなずきながら、しだいに口をつぐみ、研究家が杉森の方を向いた時、（野坂さんに低い声で）「クタニというのは、どうもぼくのことらしい、引き揚げよう」……研究家は、丸谷を九谷と間違って覚え、眼の前の人物がクタニ、すなわち丸谷と知らずにしゃべっていたのだ。

——野坂昭如「新宿海溝」(文藝春秋)

陰口こそ言わないが、新聞のコラム書きも人を批評する仕事である。悪態をつく仕事と言ったほうが正しいかも知れない。天に唾し、あわてて傘をひらいては落ちてくる自分の唾を避け、すぐにまた次の唾を天に向けて吐く、その繰り返しで世渡りをしてきた。「馬鹿」という言葉を活字にした回数は数え切れない。

ドリトル先生の物語で、先生の飼っている犬と豚がケンカをする。犬が罵《ののし》って言った。

トンカツの生きたの!

——ロフティング「ドリトル先生アフリカゆき」(井伏鱒二訳、岩波書店)

文筆で口を糊している以上、こういう機知に富んだ悪態をつかねばならないことは承知している。承知しているのだが、「誰でもよかった」と人を殺《あや》める若者がいたり、産地偽装で手にする小利に惑わされて老舗の信用を台無しにする経営者がいたり、口は失言をするためにあると心得ているらしい政治家がいたり、なかなか「馬鹿」と縁が切れない。

もし「バカ!」という言葉が差別用語になったら、あたしは、さっさと放送作家をやめるわ。

——向田邦子(「寺内貫太郎一家」巻末対談、岩波現代文庫)

そういう事態になれば当方も、コラム書きの粗末な筆を折るしかあるまい。因果はめぐる糸車、いずれは自分の書き散らした「馬鹿」という言葉が二倍になって我が身に降りかかる日が訪れるだろう。

【ばかばか】女性が、相手を甘えた態度で非難して言う言葉

——「新明解国語辞典」第六版(三省堂)

こういう二倍ならば、受け止める覚悟はできている。

匂いと臭い

ナイジェリアのゴウォン将軍が国賓として英国を訪問したときのことである。ロンドンのヴィクトリア駅まで、エリザベス女王が馬車で出迎えた。一緒に宮殿へ向かう途中の、愉快なこぼれ話が伝わっている。

ふたりが馬車に乗っていると、一頭の馬が尻尾を上げて、おならをした。女王はゴウォン将軍のほうを向いて言った。

「まあ、申しわけありません。いらして早々、こんな失礼を」

「いや、どうぞ、お気になさらないでください」ゴウォン将軍は言った。「わたしはてっきり馬がしたのだと思っていましたから」

――（キティ・ケリー「ザ・ロイヤルズ」、吉澤康子訳、

祥伝社）

女王の憮然とした顔が目に浮かぶ。
した、しない、誰がした、彼がした……オナラには、小さなドラマを生む劇作家の才があるらしい。日本の近代文学史上で最も広く知られたオナラの名場面が太宰治『富嶽百景』にある。作者が井伏鱒二さんと三ツ峠に登ったときの一節。

井伏氏は、濃い霧の底、岩に腰をおろし、ゆつくり煙草を吸ひながら、放屁《ほうひ》なされた。いかにも、つまらなさうであつた。

——太宰　治「富嶽百景」（岩波文庫）

井伏さんによれば、そういう事実はないという。聴き手は劇作家の伊馬春部氏。
伊馬　「井伏先生は放屁なさいました」って。
井伏　ぼくは放屁しないんですよ（両氏笑う）。抗議しろっていう人があったから太宰に抗議したらね、「いや、二つなさいました。三つなさいました」って、わざと敬語を使ってね、話をごまかす。ぼくが放屁をしたら、三ツ峠の山小屋のヒゲのじいさんがクスッと笑った、というんですよ。そのじいさん、八十いくつで耳が悪く、きこえるわけがない（笑）。

――「井伏鱒二対談選」（講談社文芸文庫）

笑いに紛らせつつ、本気で心外に思っている様子がうかがえて、おかしい。

エリザベス女王はオナラの無実を晴らそうとはしなかったようだが、小咄《こばなし》に出てくる口八丁の花魁《おいらん》は客の前で粗相をし、言葉巧みに言い訳をして取り繕う。

花魁「まァ、ただ今はまことにすいませんで……。じつは、あたくし、お母さんが永の患いで、観音様ィ願をかけて、どうぞ母の病気を治していただきたい。その代わりに、月に一ぺんずつ、あたくしは、ええ、人なかで恥をかきますから……ということを、願をかけました。そのためにあのようなことをしまして、申しわけありません」

客「あァ、そうかい。おっ母さんの病気を治すために恥をかこうッてンで、そういうことを月に一ぺんずつネ。えらいなァ、どうも……」
とたんに、またやった——。
客「おッ、また出たよ」
花魁「ハイ、これは来月の分で……」
——「志ん生艶ばなし」(ちくま文庫)

珍談佳話《かわ》とひと口に言うが、オナラに珍談はあっても佳話は少ない。すすんで濡れ衣をまとい、友の名誉を守ろうとした佳話を一つ。

かつて江田島の兵学校で、部外の人の講演中、屁を洩した生徒があり、「只今屁をひった者出て来い」と教官が言うと、五人の生徒が名のり出た。それで部外の先生がひどく感心したという話がある。
——阿川弘之「海軍こぼれ話」(光文社)

文学者では夏目漱石がよくオナラをした人である。消化器系の疾患を抱えていたから、ガスも人一倍たまったのだろう。音が変わっていて、「まるで破れ障子が風に鳴るような音だ」と人に言われ、書画に捺す落款《らつかん》に「破障子」という雅号を彫らせてもいる。

ところが御めえいざってえ段になると、奴め最後っ屁をこきやがった。臭えの臭くねえのってそれからってえものは、いたちを見ると胸が悪くならあ。

——夏目漱石「吾輩は猫である」(岩波文庫)

町内のボス猫「黒」がイタチ相手の武勇伝を「吾輩」に語って聞かせる場面だが、胃の悪い作者自身のオナラも、イタチには負けるとしても相当なものであったと想像される。漱石は鼻が悪かったかも知れないと、作家の半藤一利さんは言う。

漱石の文学には匂いがほとんどといっていいほど出てこない。

わたくしは決して嫌いではないのであるが、韓国に旅するとしこたま体験させられるニンニクを主とした匂い、当然のことにそのことに触れない紀行文はほとんどない。漱石の『満韓ところどころ』を読んでみると、そのことにふれた一行もないのに一驚させられる。省筆も度がすぎている。

——半藤一利「漱石先生ぞな、もし」(文春文庫)

オナラをよくする人で、ニオイも相当で、鼻が悪い当人には痛くもかゆくもない……文豪には人間凶器の隠れた一面があったようである。

同じ「におい」でも「匂い」には引き寄せられ、「臭い」には鼻をつまむ。この稿にも臭いが充満してきたので、オナラにはめずらしい匂いの一首を引いて、口直しならぬ鼻直しとする。作者は若山牧水の夫人で、孫を詠んだ歌という。

思はずも一つもらして幼児《おさなご》はわれと驚き高笑ひせり

——若山喜志子(大岡信「新折々のうた7」、岩波新書)

いつぞやエレベーターに見知らぬ同士、四、五人で乗り合わせたときのこと、扉の脇に立つ青年が突然、「あっ、屁をしちゃった」と言った。筆者を含む一同が鋭い視線を青年に向けたが、それはどうやら誤解で、扉が閉まりかけたときに誰かが飛び乗ろうとしたらしい。「開」のボタンを押したつもりが、「あっ、『閉』押しちゃった」。
小さなドラマはどこにでも落ちている。

記憶と天才

3・14159265358……延々とつづく円周率（π）には、誰が考えたのか、語呂合わせの記憶法がある。

身ひとつ、宵、獄に向かう。惨たるかな、医薬なく……。
――（小泉袈裟勝「数と量のこぼれ話」、日本規格協会）

もっと長いのもある。五十六桁まで記憶したい方は、次の一文をどうぞ。

産医師、異国に向かう、産後厄なく、産に産婆、四郎二郎死産、産婆産に泣く、困るに母よ行くな、一郎菩薩で苦が続き、美奈子一人を小屋に置く。

――(同右)

書き写していて、溜め息が出る。短いのも、長いのも、内容が陰惨であることに変わりはない。いやいやながら暗記した人の暗い気分が投影しているかのようである。

記憶力のすぐれた人は数字であれ、文章であれ、カメラで写真に収めたように苦もなく覚えてしまうというから、頭のつくりは不公平きわまりない。平野レミさんの父君、平野威馬雄さんに南方熊楠を描いた評伝の名作がある。熊楠を含む記憶力のオバケ三人に触れているので紹介する。

オバケ、その一――小野蘭山

薬用植物学者とでもいえばいいのか、江戸期の本草学者である。

ある日蘭山が、堀田摂津守正敦という大名の屋敷に招かれていったが、一つの花筒を出されたのを見て、

「これは梅の木ですね。……たぶん太宰府の梅でございましょう」と言った。

「出所までどうしておわかりになりますか」

と、正敦が驚きの声で尋ねると蘭山は、

「私は子供の頃、太宰府へ参りまして、梅の木の枯れたのが切ってあるのを見たのですが、その木の切り口や木目のぐあいが、これとそっくりなものですから、そうであろうかと思いました」と答えたということだ。

その時の蘭山は七十歳に近かったという。

——(平野威馬雄「くまぐす外伝」、ちくま文庫)

オバケ、その二——帆足万里《ほあしばんり》

江戸後期の儒学者で、理学者でもあった人である。

ある時、染物屋の店先きで雨宿りをしていた間に、そこに出ていた註文帳をみていたが、後にその家に火事があって、帳面まで焼いてしまって困っていると、

「それなら私が覚えている」と、帳面にかいてあった事をそのまま主人に教えてやったという話が残っている。

——(同右)

オバケ、その三——南方熊楠

民俗学から生物学まで守備範囲は広く、学識は底なしに深く、博物学者の名に恥じない知的怪物である。

先生がロンドンに行かれたとき、いつも日記をかくのに使っていた大学ノートが切れたので、ちょうどロンドンに派遣できていた日本海軍練習艦の若い士官に、こんどいつ又ロンドンにくるかときき、八ヵ月後に又くるというので、数十冊まとめて買ってくるようにたのまれた。が、二、三ヵ月おくれて十ヵ月目にやっとその士官はノートをかかえて来た。先生は、過去十ヵ月の日記を一日も欠かさず、こくめいに、その日のうちに、気温晴雨、来信、行動、感想と、こまかく三百日分書いてしまったという。

——(同右)

残らず記憶しているのならば、日記をつける意味ってあるのかしら。感心ばかりしていても元気が出ないので、古今東西の大学者から三人を選び、浮世離れした奇人ぶりを「おやおや」と笑って気晴らしをしてみる。

おやおや、その一——さきほどの「梅の花筒」小野蘭山

蘭山は京都の人だが、七十一歳で幕府に召されて江戸に下った。

後に家学をつぐことになる孫の職孝は、妻をともなって京都から江戸に下り、蘭山の側に仕えることになった。三年もたったころ、蘭山は職孝に向かってそっと「見なれない御婦人がいられるようだが、あれはどういうお方かの」と尋ねた。

——(鶴ヶ谷真一「書を読んで羊を失う」白水社)

おやおや、その二――数学の天才ガウス

数学者ガウスは一八〇七年、ある問題に熱中していた。医者がそばへ来て、二階で奥さんが危篤だと知らせた。

するとと、目をそらさず、つぶやいて「待つように言ってくれ、もう少しで解答が出る」

――アイザック・アシモフ「アシモフの雑学コレクション」(星新一訳、新潮文庫)

おやおや、その三――精神分析の始祖フロイト

心理学者フロイトは、列車の時刻表の見方がわからなかった。旅行には、だれかとでないと出かけられなかった。

――(同右)

『怒りの葡萄』『エデンの東』の作家、スタインベックは語ったという。

天才とは、蝶を追っていつのまにか山頂に登っている少年である。

――ジョン・スタインベック（晴山陽一「すごい言葉」、文春新書）

蝶に気を取られ、浮世の山で迷子になるのも天才の証しだろう。蘭山先生を筆者は愛す。

手紙と名文

初めて東京に出てきた人が市中にいくつも置かれた郵便ポストを見て、「郵便」の二文字を「タレベン」と読んだ。ポストには封書やはがきを投函する「差入口」の表示がある。その人は、「口がちょっと小さすぎ、日本人用としては位置が高すぎるのではないか」と不満を述べた。一八七二年（明治五年）にあった実話として、日本における郵便制度の開祖、前島密《ひそか》が『郵便創業珍談』という随筆に書いている。

言われてみると、タレベンと手紙には似通う点もある。どちらも、短く済ませるのが意外にむずかしい。前者のほうでは、長引いて遅刻をした経験のある人は多かろう。後者のほうには、思想家パスカルの有名な言葉がある。

この手紙がいつもより長くなってしまったのは、もっと短く書き直す余裕がなかったからにほかなりません。

——パスカル「プロヴァンシアル」第十六の手紙（田辺保編「フランス名句辞典」、大修館書店）

きれいに刈り込まれた短い手紙は名文の宝庫でもある。〈一筆啓上　火の用心　おせん泣かすな　馬肥やせ〉の近代版といえるものを幾つか拾ってみる。

簡潔にして（その一）——技巧あり

文藝春秋の編集者、車谷弘氏は趣味人で、随筆の名手であり、俳句も詠んだ。句集を編んだとき、井伏鱒二からはがきが届いた。独特の小さな字で、文面はたった二行。

うますぎると評判ですが
私もそう思います。

——井伏鱒二（車谷弘「銀座の柳」、中公文庫）

車谷氏は全身が痺れるほど感激したという。感激の経路をたどれば、「うますぎる」でまず引っかかり、批判めいた内容かしらと不安が兆し、逆接の「が」で不安は高まる。後段を読み終えて一気に喜びがこみ上げる仕掛けだろう。「とてもうまいと評判です。私もそう思います」では、通り一遍のお世辞にしか聞こえない。

歌舞伎の六代目尾上菊五郎の挿話を思い出す。『暗闇の丑松』の舞台稽古を終え、稽古を見ていた作者・長谷川伸に言った。「長谷川さん、こんなものを書いちゃアしょうがねえなァ」。長谷川が思わずムッとすると、六代目はつづけたという。「泣けて芝居が出来ねえや」。そのはがきは、同様の技巧をわずか二行で演じてみせたことになる。

簡潔にして（その二）――余情あり

晩年の志賀直哉は旅行で家をあけるとき、留守番をする孫娘に注意書きのメモを残した。

火の用心

戸締り
泥棒は物品と金は幾らでも与へよ
捕へようとするな
一一〇番は使はぬこと
食ひ物少しでも古いと思つたら食ふな
以上
鉢に水
雀に飯

——志賀直哉（阿川弘之「志賀直哉」、岩波書店）

機能美の極致とでもいおうか、追伸の二行はそのまま詩になっている。一字一字の代金がばかにならず、短く書くのに誰しも苦労したのは電報だろう。

簡潔にして（その三）——調べあり

熊本鎮台の司令長官、種田政明少将は明治政府に不満をもつ士族の反乱「神風連の乱」で就寝中を襲われ、落命した。その場にいた愛妾が近親者に打った電文。

ダンナハイケナイ、ワタシハテキズ（手傷）

——種田少将の愛妾（紀田順一郎「コラムの饗宴」、実業之日本社）

残虐な場面に立ち合い、自身も負傷しながら、ちょっと小粋な名文である。

簡潔にして（その四）——情愛あり

「芸術はバクハツだ！」の岡本太郎さんが青年の頃である。パリに留学中、母親で作家のかの子が病に臥し、やがて亡くなった。急の発症から死に至るまでの数日間に、父親で漫画家の一平がパリの息子に送った電文。

「カノコビョウキ、カイフクノミコミ」

その二日後、

「カノコキトク、キボウヲステズ」

そのまた二日後、

「カノコヤスラカニネムル。キヲオトスナ。ボクハキミノタメニイキル。スコヤカニアレ。クルシケレバ　デン（電）ウテ」

——岡本一平（森銑三編「大正人物逸話辞典」、東京堂出版）

父親が息子に語りかけた言葉として、古今の白眉だろう。一平の人柄がしのばれる。

簡潔にして（その五）——万感あり

南極昭和基地で越冬生活を送る観測隊員のもとには、日本の家族からさまざまな電報が届く。全員をシュンとさせた電報があった。ある隊員に、奥さんから来た短い電文。

アナタ

——（朝日新聞〈標的〉一九七二年一月十七日）

本書に引用した名文のなかで、三文字はもっとも短い。電報が日常の生活から縁遠くなったいま、短い表現を工夫して頭を悩ませるのは年賀状だろう。目の潤む電文がつづいたので、精進落ちの文例をひとつ紹介し、この稿を閉じる。

昨年は御厚情をいただいた気がしません。本年はよろしく。

——梅田龍夫（「糸井重里の萬流コピー塾U・S・A」、文藝春秋）

雨と傘

天気予報は野球の審判に似ている。観客が審判を意識するのは判定にミスがあったときだけで、試合が問題なく進行しているときは誰もその存在を気に留めない。天気予報もそうで、外れたときに人目を引く。傘の重量などは知れたものなのに「余計な荷物を持たせやがって、降らなかったじゃないか」と文句を言われたり、べつに硫酸が降ってきたわけでもあるまいに「濡れちまったぞ、おい」と叱られたり、気の毒な仕事ではある。

気象庁のソフトボール大会が雨で延期されたそうでございます。
——桂　枝雀「らくごDE枝雀」（ちくま文庫）

観測を始めた当初は、〈測候所、測候所、測候所〉と三回唱えれば何を食べても当たらない、という食中毒封じのおまじないまであったという。

戦後すぐも、今日《こんにち》も、その的中率というものは変わりがないそうでして、ほぼ六割やそうでございますねェ。お天気というものは大別しますと「晴」か「雨」でございますから、毎日「晴」「晴」「晴」「晴」「晴」……言うてましても、五割は当たる勘定でございます。ですから、それをでございますねェ、「晴やァ」「雨やァ」「ちょっと曇りやァ」……てなことを言いながら、じょうずにはずしているわけでございます。

——(同右)

明治期の作家であり、辛辣をもって聞こえた批評家、斎藤緑雨にも警句がある。

宇宙広しと雖《いえど》も間違ツこのないものは我恋と天気予報の「所により雨」

——斎藤緑雨(出久根達郎「昔をたずねて今を知る〈読売新聞で読む明治〉」、中央公論新社)

観測技術が向上したいま、的中率は六割よりずっと高いだろう。決まり文句〈所により雨〉も最近は「山沿いでは……」などと注釈のつくのが普通で、昔よりは格段にきめこまかい予報になっている。それでも、外れたら皮肉を言われるのは今も昔も変わらない。

お百姓さんと傘屋さんを除けば、晴天よりも雨が好き、という人はあまり聞かないが、フランク永井が〈雨もいとしや唄ってる／甘いブルース……〉（詞・佐伯孝夫、曲・吉田正『有楽町で逢いましょう』）と歌ったように、雨に酔う人たちもいる。いだく感情は十人いれば十色だろう。雨にまつわる喜怒哀楽を拾ってみる。

喜――

雨で気持ちが浮き立つ場面といえば、昔から相場が決まっている。唐傘の似合う江戸情緒版と、洋傘の似合う現代青春版を一例ずつ。

二人ならんだ相合い傘を　雨ものぞくか横に降る

――俗謡（「風流俗謡集」、言文社）

蝙蝠傘《こうもりがさ》は、世界で一ばん小さな、二人のための屋根である。

――寺山修司「両手いっぱいの言葉」（新潮文庫）

女性は概して用心が行き届いており、相合い傘は男の側が傘を忘れた場合に実現しやすいと聞く。あいにく几帳面な性格でいつも傘を携帯してきたせいか、経験に乏しい。という話を酒の席でしたところ、「ぼくたちは傘が二つあっても片方は使わず、彼女と一つの傘に入りましたけど……」と話す男がいた。不自然である。

怒――

〈傘は天下のまわりもの〉と、苦笑に紛らす文句も心得てはいるが、実際に被害に遭ってみると、そうは平静でいられない。共感の一首。

わが傘を持ち去りし者に十倍の罰を空想しつつ濡れてきぬ

――竹山　広「竹山広全歌集」（雁書館）

哀――

八木重吉はその詩のように、さみしく、はかなく、二十九歳の生を終えた。第一詩集『秋の瞳』の序文に書いている。〈私は友がなくては耐えられぬのです。しかし、私にはありません……この貧しい詩を、これを読んでくださる方の胸へ捧げます。そして、私を、あなたの友にしてください〉。その詩集から。

「雲」（抜粋）

雨のおとがきこえる
雨がふつてゐたのだ
あのおとのやうにそつと世のためにはたらいてゐよう
雨があがるやうにしづかに死んでゆかう

――八木重吉（草野心平「私の中の流星群」、新潮社）

楽——

五歳児の詩を引く。その子がペンをとって綴ったのではなく、遊んでいるときに口にした言葉を母親が書き留めた詩である。傘を打つ雨音に耳をすませているだけで、心の弾む年頃が誰にもあった。

「かさ」
（お店やさんごっこをしていて）
これ（かさ）は
あめのおとが
よくきこえる　きかいです

——大阪日向子　宮城・五歳（川崎洋編「おひさまのかけら」、中央公論新社）

「お天気博士」の倉嶋厚さんは夫人を亡くし、うつを患った。苦しみ抜いて乗り越えたあとで語っている。天気予報に関する言葉のなかから「いちばん印象深いものを一つ」と言われれば、倉嶋さんのつぶやきを挙げる。

人生の長期予報は当たらないのです。

――倉嶋　厚（朝日新聞〈うつを生きる〉二〇〇四年一月十九日）

マイクと声

信長、秀吉、家康それぞれの人物像を〈鳴かぬなら……ほととぎす〉で言い表す技法を借りて、画家の山藤章二さんがアナウンサーを三通りに詠み分けている。ニュースなどで、映るべき画像が映らないときの対処法である。

映らねば　まずはお詫びのＮＨＫ
映らねば　ＣＭに行こう各民放
映らねば　オレが映るとフジテレビ

——山藤章二（横澤彪、山藤章二「とりあえず!?」、講談社）

アナウンサーとタレントの区別がつかなくなり、トチリも芸の内、といった風潮が生まれたのは、功績と呼ぶかどうかは別にして、その局の力があずかって大きいだろう。高田文夫さんが業界人を人名辞典風に紹介した文章にも、次の一節がある。

【×××××】〈旧中山道〉をなんと〈いちにちじゅう　やまみち〉と読んだフジテレビの女子アナ。

——高田文夫「楽屋の王様」(講談社)

むかし、テレビドラマ『3丁目4番地』で石坂浩二さん演じるラジオ局のアナウンサーが、考え事をしながら交通情報の原稿を読み、〈一寸刻みの車の列〉を〈ちょっとキザな車の列〉と読んでしまうくすぐりがあったのを思い出した。事実はドラマよりも奇なり、か。

恥じ入った昔、恥じ入らぬ今の違いはあれ、マイクに失敗談はつきものである。

マイクの迷言、その一——ずるい人

ニュースでさんざんトチっておいて、終わりに「担当はだれだれでした」と、ほかの人間の名を言ったのがいる。

——鈴木健二（見坊豪紀「ことばのくずかご」、筑摩書房）

いまならば、こともなげに、あるいは得意そうに、自分の名を名乗ることだろう。

マイクの迷言、その二——名人にして

アナウンサーの草分け、「和田の前に和田なく、和田の後に和田なし」とうたわれた人に、NHKの和田信賢《しんけん》がいる。相撲中継の時代がかった名調子、〈戦機は潮の満つる如くに刻々に熟し〉や〈仏来らば仏を斬らん、親来らば親をも斬れ〉は語り草である。なかでも、〈時、昭和十四年一月十四日、旭日昇天まさに六十九連勝。七十連勝を目指して躍進する双葉山、出羽一門の新鋭安芸ノ海に屈す。双葉七十連勝ならず〉、原稿もなく、反射神経のみを頼りに伝えた大一番は昭和史に残る名放送といわれる。その人にして。

「マグダラのマリア」とあるのを、ついうつかり、「マタグラのマリア」と読んでお目玉を喰つた。

——和田信賢「放送ばなし」(青山商店出版部)

マイクの迷言、その三——色に出にけり

相撲に和田信賢がいれば、野球には松内則三《のりぞう》がいた。〈早あっての慶、慶あっての早……〉〈神宮球場、どんよりした空、カラスが一羽、二羽、三羽……戦機ようやく熟す、早慶両軍。知らず、凱歌いずれにあがるや〉。「早あっての慶」などと口では言いつつも松内は母校を深く愛し、大の慶応びいきであったという。一点を争う好ゲームとなったある年の早慶戦を中継していて、勝敗が決した瞬間、勝者・早稲田を讃えていわく、

「敵ながらあっぱれ」

——松内則三(尾嶋義之「志村正順のラジオ・デイズ」、洋泉社)

マイクの迷言、その四――情熱の人

この中継を迷言集に加えると、「何を言う、歴史に残る名放送ではないか」と年輩の読者に叱られるかも知れない。一九三六年（昭和十一年）ベルリン五輪の河西三省《かさいさんせい》アナである。水泳女子平泳ぎの決勝で、「ガンバレ」を三十六回連呼した。

〈ガンバレ！　ガンバレ！　ガンバレ！　前畑、前畑リード、前畑リード、前畑ガンバレ！　前畑ガンバレ！　リード、リード、あと五メートル、あと四メートル、三メートル、二メートル、あっ、前畑リード、勝った！　勝った！　勝った！　前畑が勝った！　前畑勝ちました！　前畑勝ちました！　前畑勝ちました〉。書き写していて文字がにじんでくる感動の中継だが、NHKの局内では不評だったという。「勝ちました」ばかりでタイムすら報じず、スポーツ報道の基本を忘れていた、と。河西はなぜ、タイムを告げなかったか。

ゴール寸前、興奮のあまり河西は放送席の机の上に飛び上がり、ストップウオッチを踏みつぶしてしまったので、タイムを放送しようとしてもできなかったであろう。

——尾嶋義之「志村正順のラジオ・デイズ」(洋泉社)

軽率や無知ではなく情熱から発した手落ちは、歴史が許してくれる。

マイクの迷言、その五——番外編

アナウンサーと並んでマイクに縁が深いのは政治家である。日本の政治家にも失言、暴言は数限りなくあるが、どれも後味が悪くていけない。ここはスピーチの本場・米国、ロナルド・レーガン大統領(当時)による「戦慄の放送」を引く。

週末恒例のラジオ演説に臨んだ大統領がマイクテストをした。日本ならば、「アーアー、本日は晴天なり」で済ませるところだが、俳優出身のレーガン氏はそういう安直なことはしない。あとで、ホワイトハウスが各メディアに「放送に使用するべからず」と厳重に警告を発する騒ぎとなる。時あたかも米ソ冷戦のさなかである。

米国民の皆さん、私はただ今、ソ連を殲滅する法案に署名しました。われわれは五分後にソ連への爆撃を開始します。

——ロナルド・レーガン（読売新聞〈国際面〉一九八四年八月十一日）

生来の口下手で、マイクの前にはなるべく立たないようにしている。心がけの甲斐あって、ひどい恥をさらしたことはないが、不可解な思いをしたことはある。某経済団体に頼まれて一時間の講演をしたとき、演壇を降りた筆者に主催者側の担当者が「ありがとうございました。どうか、これに懲りず、また……」と言った。奇妙な謝辞である。

III

夢は砕けて夢と知り
愛は破れて愛と知り
時は流れて時と知り
友は別れて友と知り

——阿久悠

（二〇〇七年九月、「阿久悠を送る会」にて）

「デ」と「ブ」

〈ここではきものをぬげ〉は〈ここでは着物を脱げ〉かも知れないし、〈ここで履物を脱げ〉かも知れない。人間が迷うように機械も迷うのだろう。パソコンに仮名を入力して漢字に変換したとき、予想もしない文章が画面に現れてびっくりすることがある。日本漢字能力検定協会は面白い変換ミスの事例を公募し、コンテストを催している。優秀作品から。

〈正しい変換〉　うまくいかない画像サイズになった
〈変換のミス〉　馬食い家内が象サイズになった

——日本漢字能力検定協会（二〇〇八年四月十五日発表）

身長から適正体重を割り出す計算式を雑誌で見かけ、あてはめたら「二十キロ」オーバーと出た。驚きもしなかったが、現在の体重をもとに適正身長を計算したところ、「二メートル三十センチ」と出たのにはちょっとあわてた。人の数量感覚とは不思議なものである。このところ、読書をしていて肥満がらみのくだりに出合うと、活字がちくちく胸を刺す。

ちくちく——その一

短歌のようでもあり、詩のようでもあり、作者の佐藤延重さんは「一行詩歌」と呼んでおられる。その詩歌集のなかに、身につまされる一首を見つけた。

メタボリックシンドロームと告げられる　目障りだから死ねときこえた

——佐藤延重「閑話休題」（角川書店）

ちくちく——その二

ポーのことは推理小説の始祖として尊敬もし、感謝もし、いくつかの作品は再読三読している一人だが、その短編で唱えている説には賛同しかねる。

人は冗談好きだと太るのか、それとも脂肪の内部には人を冗談好きにする要素がもともと含まれているのか、それはにわかには断定できない。

——エドガー・アラン・ポー「ホップフロッグ」(『ポー短編集II』、巽孝之訳、新潮文庫)

筆者はきのう今日の肥満ではなく、脂肪体型にはかなりの年季が入っている。脂肪の内部に人を冗談好きにする要素などは微塵も含まれていないと、にわかに断定できる。

ちくちく——その三

かつての人気テレビドラマ『ふぞろいの林檎たち』第一話で、巨漢の女子大生・綾子

（中島唱子）が友人の良雄（中井貴一）に肥満を嘆く場面があった。ポー氏に聞かせたい。

綾子「猫だけなの。私と猫だけ。あと肥《ふと》ってるのいないの」
良雄「へえ」
綾子「父も母も兄も姉も、みんな普通なのに、私ばっかり、どんどん肥って、これでも随分努力したの」
良雄「――」
綾子「でも、努力しない姉は肥らないで、減食したり、体操したりしている私ばっかり、どんどん肥るの」
良雄「よそうよ」
綾子「私、世の中には、どうしようもないこともあるんだなあって、すごく思って」
良雄「そんな話よそう」

――（山田太一「ふぞろいの林檎たち」、大和書房）

ちくちく――その四

肥満のもたらす憂鬱は若いうちが「見てくれ」ならば、年がいってからは「健康面」だろう。陽気になれない中年の心持ちは、作家、岡本かの子の歌に尽きている。

我ながら心憎くも肉つきぬまたも病《やまい》の来ずやねたみて

――岡本かの子（嵐山光三郎「文人悪食」、新潮文庫）

肥えた身体をねたみ、病魔が訪れはしないか、と。同憂の士は多いはずである。それでも左のジョークのように、世間は笑いの種にする。かの子や、憐れ。綾子や、憐れ。

ちくちく――その五

最新型の体重計が発売された。声でいろいろなアドバイスをしてくれる。例えば、「体重が徐々に増えています。お気をつけください」というように。
ある婦人がさっそく買い求め、ドキドキしながら体重計に乗った。

体重計が告げた。
「一人ずつ乗ってください」

――早坂　隆「続・世界の日本人ジョーク集」（中公新書ラクレ）

米国のオバマ大統領がテレビに映るたび、ほっそりと、それでいて鞭《むち》のようにしなる身のこなしを惚れ惚れと眺める。前任のブッシュ氏も筋肉質であったし、ネクタイの色ひとつに神経を遣う大統領選を勝ち抜くには見た目も大事であるらしい。
米国史上で最も目方の重い大統領は第二十七代のウイリアム・タフトで、百六十キロあった。フィリピン総督のころ、ワシントンに電報で報告書を送り、ついでに近況を添えた。「本日は長時間、乗馬を楽しみましたすこぶる元気です」。陸軍長官イライヒュー・ルートは心配になり、返電を打ったという。

「それで、馬はどうした？」

――（コルマック・オブライエン「大統領たちの通信簿」、

平尾圭吾訳、集英社インターナショナル）

入浴中に巨体が浴槽にはまって出られなくなることが二、三度あったため、ホワイトハウスに新たに浴槽が持ち込まれた。長さが2メートル以上もあり、重さは1トン。普通の成人男性が4人入れる広さだった。

――（同右）

前任者は国民に絶大な人気を誇るカリスマ政治家セオドア・ルーズベルトであり、後任者は国際連盟をつくった平和主義者ウッドロー・ウイルソンである。偉大な二人に挟まれ、これという業績のないまま体重だけで語り継がれるタフト氏だが、きっといい人だったろう。浴槽にはまって出られなくなる人が、悪人であるはずがない。

清と濁

年に一、二回、気の置けない顔が寄り合って酒を飲む会がある。幹事は銀行で長く広報部門にいた某氏が引き受けてくれている。いつの会だったか、事前に送られてきた出席者名簿に筆者の名が「政明」ではなく「正明」となっていた。よくある間違いで気にも留めずにいたところ、あとで気づいたのだろう、律義に誤字を詫びるはがきが届いた。

広報も筆の誤り、ということでお許しを。

——（某月某日の来信から）

あとで聞けば、広報に携わる人たちのあいだではおなじみの言い回しというが、なかなか気が利いている。コウボウ（弘法）とコウホウ（広報）、濁点ひとつで意味が一変するのも日本語の楽しいところに違いない。

世の中は澄むと濁るで大違い
刷毛《はけ》に毛があり　禿《はげ》に毛がなし

世の中は澄むと濁るで大違い
福に徳あり　河豚《ふぐ》に毒あり

世の中は澄むと濁るで大違い
人は茶をのみ　蛇《じゃ》は人をのむ

——（池田彌三郎「食前食後」、日本経済新聞社）

このほかには落語家が高座で披露する戯《ざ》れ句に、〈世の中は澄むと濁るで大違い　墓はお参り　馬鹿はお前だ〉というのもある。どれも昔から語り継がれてきた言葉遊びだが、自分で新作をつくった人もいる。作家の阿刀田高さんである。

世の中は澄むと濁るのちがいにて、キスは甘いし、疵《きず》は痛いし
世の中は澄むと濁るのちがいにて、旗はヒラヒラ、肌はチラチラ
世の中は澄むと濁るのちがいにて、ためになる人、だめになる人
世の中は澄むと濁るのちがいにて、菓子は食いたし、餓死は食えない
——阿刀田高「ことば遊びの楽しみ」（岩波新書）

いまは濁点という便利なものがあるから意味を取り違える心配はないが、仮名に清濁の区別がなかった明治以前には、怒ったり、笑ったり、あわてふためいたり、「澄むと濁るで大違い」の騒動がいろいろ生まれたらしい。

大違い——その一

ある人が知人に芋を贈ったところ、礼状が届いた。文面を読んで激怒した。

〈文面〉　けつかうなるいもありかたう

〈意味〉　結構なる芋ありがとう

〈誤解〉　ケツが唸《うな》る芋ありがとう

――鈴木棠三「ことば遊び」（中公新書）

大違い――その二

徳川家康が武田信玄の軍勢によって浜松城に包囲されたときである。意気盛んな甲州勢は城内に一句を送った。敵味方を植物になぞらえ、松（松平氏＝徳川家）は枯れていくぞ、竹（武田氏）は比類なき繁茂を見せるぞ、という内容である。この嘲弄《ちょうろう》に劣勢を改めて思い知らされ、立て籠もる徳川の将卒がすっかりしょげかえったとき、酒井忠次が機転を利かせた。濁点を付け替えて一句を詠み直し、城内に生気と戦意をみなぎらせたという。

〈作・武田勢某〉　松枯れて竹たぐひなき旦哉《あしたかな》

〈作・酒井忠次〉　松枯れで武田首無き旦哉

――(同右)

以下の二例はともに電報をめぐる騒動で、読んだ側の早合点に起因している。

大違い――その三

昭和五年八月、熊本米穀取引所で、立会い停止騒ぎがあった。原因は、その日神戸のある米屋さんが、熊本市内の残存米を電報で照会すると、その返電に、「クマモトニハコメソウトウアリ」とあった。相当有る、というのを、米騒動ありと誤読し、早速売りに出した。その結果、乱調子となりついに取引停止となったのである。

――出久根達郎「書物の森の狩人」(角川選書)

大違い——その四

日本に野球がまだ生まれたてのころ、旧制第一高等学校が横浜に在留する外国人のチーム「横浜外人倶楽部」と対戦している。一八九六年（明治二十九年）五月二十三日のことである。場所は在留外国人チームが日ごろ練習している横浜公園内のグラウンドで、一高チームにとっては遠征試合である。

当日の朝、横浜外人倶楽部から一高に電報が二通、相次いで届いた。一通目は「シアイデキル、スグコイ」。これは前日まで降りつづいた雨が上がり、試合が可能であることを伝えてきたもので問題はない。二通目を読んで一高勢は憤慨したという。

〈文面〉　ナンジニクルカ
〈意味〉　何時に来るか
〈誤解〉　汝《なんじ》、逃ぐるか

——（佐山和夫『ベースボールと日本野球』、中公新書）

「汝、逃ぐるか」の声を背に浴びつつ、安倍晋三さん、福田康夫さんが二代つづけて政権を投げ出した。麻生太郎さんは投げ出さなかったが、ソウリダイジン（総理大臣）からソウリタイジン（総理退陣）に追い込まれた。政界もこのところ、澄むと濁るで大違いの様相を呈している。いまの人はどうだろう。日本再生という有権者のセツボウ（切望）がゼツボウ（絶望）に、キボウ（希望）がキホウ（気泡）のあぶくに変わらないことを祈る。

虫偏と鳥肌

虫のなかで一番強いのは誰だろう。ナメクジ最強説を唱えたのは五代目古今亭志ん生である。貧乏長屋の思い出を、徳川夢声との対談で語っている。

夢声　ナメクジが、お内儀《かみ》さんの足に食いついたてえ話は、ありゃぁ本当ですかい？

志ん生　本当ですとも、食いついてブラ下ってたのを見たんですから。（中略）なにしろウチの壁はね、野郎が這うんで、こう、銀色にピカピカ光ってたね、エエ。野郎のお蔭で、壁がズッと良くなっちゃってね。

夢声　別に良クナルわけはないだろう（笑）。

志ん生　三スクミてえが、蛇だって困るよ。嚙みついたって、なんにもないからね。呑みこめば毒にあたるしね。おそらく虫の中じゃ、野郎が一番強いでしょう。

——（徳川夢声「同行二人」、養徳社）

ナメクジに食いつかれる人は、もういないだろう。家庭内の嫌われ者番付ではゴキブリが東の横綱を張って久しい。食いつきはしないが、種族維持の執念はちょっと類がない。仏教学者で禅研究の大家でもあり、小さな生きものに慈愛をもって接した鈴木大拙《だいせつ》も、ゴキブリだけは目の敵にしたらしい。秘書の回想がある。

大拙先生は家の中でゲジゲジやその他の虫を見ると、「君たちはこんな所にいるよりは外にいるほうがいいんだ」と言い聞かせながら、窓をあけ、火箸《ひばし》などを使って外につまみ出したものです。ところが、ゴキブリになると事は別、先生は目の色を変え、すばやくスリッパの片方をぬぎ、それを振り上げながら右に左にバタバタと……。

——（西谷啓治「回想鈴木大拙」、春秋社）

嫌われ者は、人種差別ならぬ虫種差別を嘆いたことだろう。「神様がもうひと工夫してくだされればよかったのに……」と、心優しい一首を寄せたのは歌人の斎藤史《ふみ》である。

佳き声をもし持つならば愛さるる虫かと言ひてごきぶり叩く
――斎藤　史（樋口覚「短歌博物誌」、文春新書）

心優しいが、やっぱり叩くことは叩くのである。スズムシのような声をしていたら台所がやかましくて、それはそれで嫌われていたような気がする。

子供のころから虫を苦手にしている。虫偏の漢字で近寄れるのは「虹」「蛍」「蝶」がせいぜいで、あとは敬遠してきた。虫は嫌いでも、虫にまつわる名文は愛している。

虫偏の名文、その一――「蚊」

『ぞうさん』の詩人、まど・みちおさんは〈アリだってちゃんと影を連れて生きてるのを発見したときは、なんだか花束でももらったみたいな気分でした〉（『いわずにおれない』、集英社）と語るように、虫を見る目も温かい。〈ケムシ――さんぱつは　きらい〉などの一行詩も捨てがたいが、まどさんにはめずらしい憂愁をたたえた一編を。

「蚊」
蚊も亦《また》さびしいのだ。
螫《さ》しもなんにもせんで、
眉毛などのある面《かお》を、
しずかに触りに来るのがある。

——まど・みちお「まど・みちお全詩集」(理論社)

虫偏の名文、その二——「蜃」

「蜃」とは大ハマグリのことである。蜃気楼《しんきろう》は昔、大ハマグリの吐く息で生じると考えられていたらしい。江戸川乱歩に、日本海で眺めた蜃気楼の描写がある。

蜃気楼とは、乳色のフィルムの表面に墨汁をたらして、それが自然にジワジワとにじんで行くのを、途方もなく巨大な映画にして、大空にうつし出したようなものであった。

――江戸川乱歩「押絵と旅する男」（『昭和のエンタテインメント50篇〈上〉』、文春文庫）

唐突な連想ながら、いまは亡き阿久悠さんがピンキー（今陽子）とキラーズ『恋の季節』（詞・岩谷時子、曲・いずみたく）の歌詞を激賞した一文を思い出す。

それにしても、〈夜明けのコーヒー　ふたりで飲もうと……〉とは実にうまい使い方だなとぼくは口惜しがり、同じ年の『小指の想い出』の〈あなたが噛んだ　小指が痛い……〉と同様に、「コーヒーと小指はもう詞には使えないな」と思わせるものであった。

――阿久　悠「愛すべき名歌たち」（岩波新書）

阿久さんの表現を借りれば、蜃気楼の描写はもう文章には使えないな。

虫偏の名文、その三――「蛾」

トマス・ハリス『羊たちの沈黙』には、若い女性を殺して皮膚を剝ぎ取る殺人鬼が登場する。身の毛もよだつ物語の合間、スミソニアン国立自然史博物館の研究員ピルチャーが主人公に語る風変わりなガ（蛾）の生態。

「ガの一種は、実際には一種以上いるが、涙だけで生きているのがいる」ピルチャーが口を開いた。「それしか飲み食いしないんだ」

「どんな涙？　誰の涙？」

「俺たちくらいの大きさの、陸棲の大きな哺乳動物の涙だ。……」

――トマス・ハリス「羊たちの沈黙」（菊池光訳、新潮文庫）

ひとの涙を食べて生きる。なんと哀しく、美しい生きものだろう。

虫偏の名文、その四――「蛇」

「あのね、蛇が脱皮するの、どうしてだか知ってます？」。宮部みゆきさんの小説から。

一所懸命、何度も何度も脱皮しているうちに、いつかは足が生えてくるって信じているからなんですってさ。今度こそ、今度こそ、ってね。

――宮部みゆき「火車」（新潮文庫）

今日とは違う明日を夢みて脱皮しようともがき、幾度、夢に裏切られただろう。誰かの流す人情の涙一滴に救われた日もある。蛇のごとき、蛾のごとき、わが生よ。

酒と詭弁

あれやこれや、酒飲みは無茶な理屈を考えつくものである。


「酒がある。一杯のめ」

「イヤ、願があって、三年禁酒した」

「お前のような酒のみが、ほんとうか」

「きっぱりと酒は断った」

あくる晩、みんなで飲んでいるところへ、酒をのみにきた。

「それ見ろ、昨日禁酒だといったくせに、もう破るのか」

「破りはしない。三年の禁酒を六年にして、夜だけ飲むのだ」

「なるほど、そんなら、いっそ十二年にして、夜昼のめ」

——宇野信夫「江戸のこばなし」（文春文庫）

理屈にならない理屈をもう一つ。親が酒を飲めば、孝行息子や孝行娘が育つ。一杯の酒だけが愉しみの老父を大切に養う樵《きこり》がいた。その孝心を尊くおぼしめし、天上の神が滝の水を美酒に変えた。〈養老孝子伝説〉という。泉鏡花『婦系図《おんなけいず》』の主人公、早瀬主税が語っていわく。

養老の滝でも何でも、昔から孝行な人物の親は、大概酒を飲みますものです。

——泉　鏡花「婦系図」（『泉鏡花集成十二』、ちくま文庫）

早瀬は「孝行な人物の親は酒を飲む」と言っただけで、「親が酒を飲めば子供が親孝行に育つ」と言ったわけではないが、言ったも同然とみなすのが酒飲みの論理である。短歌、広告コピー、随筆、詩、異なる四つのジャンルから酒の名文を拾ってみる。

酒の名文、その一——短歌

歌人の佐佐木幸綱さんは著書にこの歌を引き、述べている。

〈酒を歌った短歌は『万葉集』の大伴旅人から若山牧水の歌まで人気のある作がたくさんあるが、私が第一に推すのはこの歌である。至上の酔い心地を言語空間にそのまま再現する、その困難を果たした希有の例だと思う〉

大方はおぼろになりて我が目には白き盃《さかずき》一つ残れる
——石榑千亦《いしくれちまた》（佐佐木幸綱「男うた女うた〈男性歌人篇〉」、中公新書）

余談ながら、筆者は毎年正月、新しい手帳に取り替えるとき、この歌を欄外に書き写し、「今年もうまい酒が飲めますように」と祈るのを習わしにしている。

酒の名文、その二——広告コピー

山口瞳さんはサントリーのコピーライターから作家に転身した。古巣のために筆をふるい、成人を迎えた若者に〈人生仮免許〉と題して酒飲みの心得を伝授したのは一九七八年である。評判を呼び、恒例のシリーズ広告となる。第一回の掲載文から。

「人生仮免許」
二十歳の諸君！　今日から酒が飲めるようになったと思ったら大間違いだ。諸君は、今日から酒を飲むことについて勉強する資格を得ただけなのだ。仮免許なのだ。（中略）ところで、かく言う私自身であるが、実は、いまだに、仮免許がとれないのだ。諸君！　この人生、大変なんだ。

——山口　瞳（『時代を映したキャッチフレーズ事典』、電通）

あとで顔から火の出る失敗もし、にがい酒も飲み、吐き、泣き、免許から「仮」の字がとれる頃には、次にしるすような底光りのする人間観察もできるようになる。『悲の器』

『邪宗門』などの作家、高橋和巳《かずみ》の文章から。

酒の名文、その三――随筆

「いいお酒ですな」と人に感心されるようなのみかたが、あんがい静かな絶望の表現であったりする。

――高橋和巳「酒と雪と病」(『日本の名随筆〈酒〉』、作品社)

本免許で人生の道路を走っているうち、いつしか次にしるすような境涯にたどりつけたならば、このうえない幸せだろう。酒飲みの桃源郷ともいうべき詩を。

酒の名文、その四――詩

「詩生晩酌」

空から落ちる運の矢を待つ
毎晩ゆっくり酒を酌《く》む

膳の上には二三品
好みの小鉢とさかずきと

まわりに細君
子らの顔

何よりの
これがさかなさ

口にも合うが
気にもいる

――堀口大學（関容子「日本の鶯」、角川書店）

……というような境地は遠い先のこと、酒飲みにとって差しあたりの関心はいかにして詭弁を弄し、機会と量を確保するか、である。「男が酒を飲めば、女が美しくなる」という屁理屈はどうだろう。飲酒大国、ロシアの小咄から。

世の中に醜女《ブス》はいない。
ウォトカが足りないだけだ。

——(米原万里「ロシアは今日も荒れ模様」、講談社文庫)

ベッドと包帯

世界の一流シェフたちが、それぞれ得意にする料理の料理法にちなんだ殺され方で殺されていく。アメリカ映画『料理長《シェフ》殿、ご用心』である。ロバート・モーレイ演じる世界一のグルメ男と、その主治医との会話。


「先生、私はあとどのくらい生きられる？」

「それはあなた次第です」

「あなた次第でなくてよかったよ、先生」

——（和田誠「お楽しみはこれからだ 3」、文藝春秋）

自分の命をサカナに気の利いた会話を交わせるのは映画だからである。そんな心の余裕が現実にあろうはずがない——かといえば、さにあらず、ロナルド・レーガンの例がある。大統領に就任して二か月後、講演を終えてワシントンのホテルから出たところをピストルで撃たれた。搬送された病院で胸から弾丸を摘出する手術を受けるとき、執刀医にウインクをして語った言葉。

君が共和党の支持者であるのを祈るよ。

——ロナルド・レーガン（石原慎太郎「わが人生の時の人々」、文藝春秋）

米国の大統領が残した名言としては、リンカーンの〈人民の、人民による……〉に匹敵するかも知れない。執刀医はあいにくと民主党の支持者だったそうだが、彼がレーガンに告げた言葉も伝わっている。〈大統領、きょう一日、われわれはみんな共和党員です〉

病床のほとりに生まれた名文から。

その一——友

おい癌《がん》め酌《く》みかはさうぜ秋の酒

——江國　滋（文藝春秋編「あの人この人いい話」、文春文庫）

前書《まえがき》に「敗北宣言」とある。亡くなる二日前、八月八日午前二時半の日時とともに乱れた字で書き留められていたという。絶望の果てに得た酒の友であったか。

その二——否《いな》

脳内出血で倒れた赤塚不二夫さんが意識の戻らぬまま何年も眠りつづけているとき、丸谷才一さんの書いた文章がある。

日本の世相は赤塚漫画を一見真似たかのようなハチャメチャの様相を呈しつつも、赤塚漫画の持っていた「愛嬌」や「カーニバル的詩情」は何ひとつ真似ていない。丸谷さんはその長い眠りを、似非《えせ》赤塚流の現実世界に対する赤塚さんの反逆ととらえている。「一日も早い快癒を」といったたぐいの、おざなりな見舞いの言葉はない。

赤塚不二夫は昏々《こんこん》と眠りつづけることで、この乱雑でしかも愛嬌のない現代日本に対し否と言ふ。眠れ赤塚。自分の世界を守らうとすれば、眼をつむるしかない。

——丸谷才一「袖のボタン」(朝日新聞社)

その三——妻

以下、病める人の短歌を四首、引く。

医師でもあった歌人の上田三四二《みよじ》は癌を宣告された。その翌日の歌。

たすからぬ病と知りしひと夜経てわれよりも妻の十年《ととせ》老いたり

——上田三四二(大岡信「折々のうた」、岩波新書)

その四——幻

ハンセン病患者は悲惨な病相により、いわれなき差別と迫害を受けた。肉親との接触を禁じられ、名前さえも奪われ、生きながら埋葬されるがごとく離れ島の療養所に隔離された人々がいる。わが子はどれほど成長しただろうかと、父親が瞼《まぶた》に恋うる歌。

目にのこる影はをさなし離《さか》り住む十年《とせ》の伸びは思ひみがたし

——明石海人（『明石海人全歌集』、短歌新聞社）

その五——恋

歌人、相良《さがら》宏は結核を患い、三十歳で早世した。運命があと十年、せめて五年の生を許したならば、どんな歌を残しただろう。病中詠の清冽な抒情に触れるたび、そう思う。

わが坐《すわ》るベッドを撫《な》づる長い指告げ給《たま》ふ勿《なか》れ過ぎにしことは

——相良　宏（『相良宏歌集』、白玉書房）

その六――子

癌で亡くなる半月ほど前、島木赤彦は「昼夜痛みて呻吟《しんぎん》す。肉痩せに痩せ骨たちにたつ」という悲痛な詞書《ことばがき》をもつ十三首を詠んでいる。その一首。

隣室に書《ふみ》よむ子らの声きけば心に沁みて生きたかりけり

――島木赤彦（中西進「辞世のことば」、中公新書）

万葉集の昔から現代短歌に至るまでありとあらゆる歌のなかから、万人が生涯に一度は祈るだろう願いを探すならば、下の句の十四文字〈心に沁みて生きたかりけり〉にまさるものはあるまい。

江國滋や島木赤彦を奪った癌はいまだ撲滅がかなわず、相良宏を奪った結核は現代病としてよみがえり、さらには新型インフルエンザのはびこる世の中である。

漱石の「猫」で、主人・苦沙弥《くしゃみ》先生の身勝手にあきれて猫が独白する。

少し人間より強いものが出て来ていじめてやらなくてはこの先どこまで増長するか分からない。

——夏目漱石「吾輩は猫である」(岩波文庫)

少しどころか、相当に強いものがすでに現れて人間をいじめているというのに、信仰する神様が違うという理由をもって、主義主張が異なるという理由をもって、互い同士で殺し合う。名無しの猫ありせば、「敵を誤るな」と言うだろう。

暴君と名君

墓碑銘には、その人の一生が凝縮されている。恐怖政治の権化《ごんげ》、フランスの革命家ロベスピエールは多くの反対派を断頭台に送った。彼用の墓碑銘を考えてやった人がいる。

すぎゆく人よ、わが死に涙をそそぐな
もし私が生きていれば、君は死ぬだろう。

――マクシミリアン・ド・ロベスピエールのための作者不明の墓碑銘
（窪田般彌、中村邦生「〈さようなら〉の事典」、大修館書店）

革命は暴君を産み落とすのが習いであるらしく、ロシア革命後のソビエト連邦もスターリンを輩出している。虚実の例を一つずつ引く。まずは、「虚」のジョークから。

ある西側の外務大臣がクレムリンでスターリンと会談したとき、ブルガリア外相が交通事故で亡くなったのは気の毒なことだ、いい人だったのにと、おくやみを述べた。

するとスターリンはこう呟《つぶや》いた。

「はてな、交通事故は、あすのはずだったが」

——(文藝春秋編「たのしい話いい話」、文春文庫)

「実」の例は反体制の作家、ソルジェニーツィン氏が記録している。モスクワ州地区で催された共産党代表者会議でのこと、会議の終わりに同志スターリンに宛てた忠誠のメッセージが採択された。全員が立ち上がり、嵐のような大喝采が起こったが、この拍手がいつまでたっても終わらない。なぜか。愚かしくも恐ろしいひとこまを。

いったい思いきって先頭きって拍手をやめる者がいるだろうか。(中略)なにしろ、この会議室には内務人民委員部の連中が立って拍手しているのだ! 誰が最初にやめるかを彼らは注視しているのだ! (中略)六分! 七分! 八分……もう駄目だ!

万事休すだ！　心臓が破裂してぶっ倒れるまで、もうやめるわけにはいかないのだ！（中略）そこで製紙工場の工場長は十一分目にさりげないふうを装い、幹部席の自分の席に腰を下ろす。（中略）その晩、工場長は逮捕された。

——ソルジェニーツィン「収容所群島」（木村浩訳、新潮社）

そのスターリンが死去し、何幕かの政治闘争ののちに権力を握ったのはフルシチョフである。一九五六年の党大会で、彼はスターリン批判の秘密演説をおこなった。反体制派の非合法雑誌『時事日誌』がそのときの模様を伝えている。

フルシチョフが壇上から独裁者スターリンをはじめて批判し、スターリンの専横ぶりを数えあげたとき、出席していた党委員のなかから声があがった。

「そのとき貴方《あなた》はなにをしていたのですか？」

すると即座にフルシチョフが応じた。

「いま発言したのはだれか、挙手していただきたい」

だれも挙手するものがいなかったので、フルシチョフは答えた。
「いまの貴方と同じように、私も黙っていた」
――(川崎浹「ロシアのユーモア」、講談社選書メチエ)

沈黙が暴君を育てるという万古不変の真理を語っている。著者川崎氏の訳文もまた、一字一句の追加も削除も許さない名文だろう。

さて、名君である。逸話がなくもないが、洋の東西、時の古今を問わず、心に響くものは少ない。江戸期の俳人、小西来山《らいざん》に、〈お奉行の名さえ覚えずとし暮れぬ〉という句があるが、世が治まっているときは為政者のことなど気に留めないものなのだろう。企業の経営者も一国一城の主《あるじ》、ここでは四氏を取り上げて名君篇に代える。

その一――本田宗一郎

ホンダの創業者は、掌《てのひら》のひと撫でで千分の一ミリの凹凸を判別する「現場の人」だった。子供に会社を継がせず、美しい引き際も印象に残る。遺言にいわく、〈社葬はするな〉。

社葬なんかすれば、交通渋滞の原因になり、世間に迷惑がかかる。そんなことはクルマ屋として、絶対にやってはならない。

——本田宗一郎（佐藤正明『ホンダ神話』、文藝春秋）

その二——松下幸之助

大阪万博での話が忘れがたい。炎天下、「松下館」に長蛇の列ができた。係員がふと見ると、当時すでに高齢の幸之助氏が並んでいた。応接に工夫の余地がないか、来館者の身になって研究していたという。「経営の神様」があるとき、役員や社員を前に語った言葉。

松下電器は何を作っているところかと尋ねられたら、人を作っているところだと答え、しかる後に電器製品も作っておりますと答えていただきたい。

——松下幸之助（立石泰則『ソニーと松下』、講談社）

その三――小林一三

阪急グループの総帥として辣腕をふるった。宝塚歌劇団の創立者でもある。昭和初年は不況で、阪急百貨店の食堂はライスだけを注文する客で混み合った。ライスに卓上のソースをかけて食う。ある日、食堂に「ライスだけの客お断り」の貼り紙が掲げられた。それを見た小林は、ただちに書き直させたという。

ライスだけの客、歓迎

――小林一三（出久根達郎「百貌百言」、文春新書）

その四――永田雅一

経営していた映画会社、大映はつぶれている。むちゃな逸話も多く、「永田ラッパ」の異名をとった超ワンマンぶりは暴君篇のほうが似合うかも知れない。それは承知しつつ。

我が社は目下、下り坂である。しかし、下り坂は上り坂よりはラクである。

——永田雅一（高峰秀子「わたしの渡世日記」、文春文庫）

落ち目になり、いっそのこと死んでしまおうかと思い詰めた人に、「そう深刻にならず、まあ、すこし肩の力を抜きたまえ」と、永田語録は語りかけるだろう。人は、立派な教科書だけで生きられるわけでもない。名君篇に収めたゆえんである。

マジメとズボラ

昭和の名人、八代目桂文楽の最後の高座はよく知られている。一九七一年（昭和四十六年）八月三十一日、東京・国立小劇場での「落語研究会」である。『大仏餅』を口演していて登場人物「神谷幸右衛門」の名が出てこず、絶句した。

「……まことに申しわけございません。勉強し直してまいります」

——八代目桂文楽（柳家小満ん「べけんや」、河出文庫）

そう言って、深々と頭を下げた。最晩年の弟子である小満《こま》んさんによれば、文楽はまさかの時に備え、詫び口上を日ごろから稽古していたという。

明治生まれの講釈師に邑井《むらい》貞吉《ていきち》がいる。戦後は講談界の重鎮となり、講談組合の頭取を務めた。この人にも度忘れの挿話がある。

講談の邑井貞吉は、豊臣秀吉が細川幽斎から和歌の道を教えられるという物語を講じて、「その時太閤殿下が詠み給《たも》うたお歌が……」と、そこまで言ってハタとその歌を忘れてしまった。お歌がお歌がとくり返しながら思い出そうとしても出て来なかった。「おい、だれか楽屋に知ってる者はいないかい?……」声をかけたが返事がなかった。するとこんどは客席に向かって、「どなたかお客さまで御存じの方はいらっしゃいませんか?」客席はどっと沸いたが、あいにく歌の文句まで貞吉に教えられる客はいなかった。そこで貞吉やおら張り扇をポンと叩いて、

「なに知らなきゃ知らないでよござんす。大した歌じゃありません——」

——大西信行「落語無頼語録」(角川文庫)

おのが芸の小さな瑕疵《かし》も許せぬ人、苦にしない人、生まれもった性分はいろいろである。

先ごろ鬼籍に入った囲碁の名誉棋聖、藤沢秀行さんは何ごとも「苦にしない」派の横綱

であったろう。年下の友人で将棋の永世棋聖、米長邦雄さんとの対談から。

米長　私のかみさんは、「うちの亭主は一週間のうち五日帰ってこないことがあるんです」と、先生の奥さんに相談したんです。すると奥さんは「いや、うちは三年帰りませんでした」と（笑）。

藤沢　三年帰らなかったのは、読売ランドに移ったときです。建売りを買うということで読売ランドに見に行って、女房に「お前ここにしろ」と言ったら、「そうしましょう」と買うのを決めた。そのとき一緒に行っただけで、そのまま行方をくらました。それで三年くらい経って、ある日突然帰ったんだ。ところが帰ろうとしたら道がわからないんだ。買うときに一度行っただけだからね。

――藤沢秀行、米長邦雄「勝負の極北」（クレスト仕）

よその女性のもとに身を寄せて自宅を三年留守にした人がいるかと思えば、来客に居留守ひとつ上手に使えないで神経をぼろぼろにすり減らす人もいる。江戸川乱歩ほど生真面目な人はいないだろう。

江戸川乱歩（一八九四－一九六五）は若いころ、執筆に行きづまると極度の人ぎらいにおちいり、病気だとか旅行中とか称して訪問客をことわった。あるとき尊敬する宇野浩二が訪ねてきたときも、旅行中とウソをついてしまったが、そのあと後悔のあまり家にいたたまれなくなり、上州の温泉に出かけて宇野浩二あてに手紙を書いた。

「あなたにおわびするために、ほんとうに旅をしています……」

――紀田順一郎「コラムの饗宴」（実業之日本社）

作家ではもうひとり、武者小路実篤も真実一路のマジメ人間だった。わけても、絵筆にこめた努力と情熱には頭がさがる。一日に三枚描いたといい、生涯に描いた総数は五万四千枚におよぶ。ある対談でご本人が「ひところは複製のほうが本物よりも値段が高かった」と語っている（朝日文庫「徳川夢声の問答有用2」）。複製の印刷がよほどきれいだったのか、あまりの多作で直筆の希少価値に乏しかったのか、いずれにしても珍現象だろう。それだけの数を描きながら、カボチャ以外はどれも下手だった、というところがまた、すごい。

武者小路実篤は、七十年間にわたって、毎日のように書を書き絵を描いたが、ついに書も絵も上達することがなかった。『新潮日本文学アルバム』に掲載されている昭和二十五年に描いたヌードなどは悲惨なくらいに下手だ。（中略）
しかし、私にとって「勉強すれば偉くなる」とか「勉強すれば上達する」ということよりも「いくら勉強しても上手にならない人もいる」ということのほうが、遥かに勇気をあたえてくれる。

——山口　瞳「木槿の花」（新潮文庫）

シューコー先生のように、高利貸しに追われ、自宅を競売にかけられる修羅場のなかで棋聖戦六連覇の偉業をなしとげた「才能ある無頼派」がいる。ムシャ先生のように、ひとに勇気を授けてくれる「才能なき努力派」もいる。どちらか成りたいほうを選べ、といわれれば百人のうち九十九人が前者につくだろう。現実のありようを問われれば、九十九人が後者と答えるに違いない。
たまには神経を図太くして、ズボラに生きたいと思いながら、生来のマジメから抜け出せない方は世に多かろう。ご同輩に、筆者の愛誦する詩を贈る。

「風鈴」
かすかな風に
風鈴が鳴つてゐる

目をつむると
神様　あなたが
汗した人のために
氷の浮かんだコップの
匙《さじ》をうごかしてをられるのが
きこえます

――杉山平一「杉山平一詩集」（土曜美術社）

普段は日本酒一辺倒で過ごしている。「才能なき努力派」の本領を発揮し、心ならずも誰かに勇気を与えてしまったときだけは、思い出したようにウイスキーをロックで飲む。

ひとり、グラスの氷を揺らし、神様の風鈴を真似てみる夜更けもある。

歌と唄

作詞家、阿久悠さんとの「お別れの会」で、会場の壁に飾られていた阿久さんの言葉を書き留めて帰った。

夢は砕けて夢と知り
愛は破れて愛と知り
時は流れて時と知り
友は別れて友と知り

——阿久悠（二〇〇七年九月、「阿久悠を送る会」にて）

なかにし礼さんの書く詞に出てくるような男になり、阿久悠さんの書く詞に出てくるような男を友に持ちたい。若い頃、理想の自画像をそのように描いていた時期がある。
自分の側でいえば、

「別れの朝」　ペドロ&カプリシャス
別れの朝　ふたりは
さめた紅茶　のみほし
さようならの　くちづけ
わらいながら　交わした

——(訳詞・なかにし礼、堀内みち子、曲・ウド・ユルゲンス)

というようなことをする男になり、友の側でいえば、

「時代おくれ」　河島英五
妻には涙を見せないで
子供に愚痴をきかせずに

男の嘆きはほろ酔いで
酒場の隅に置いてゆく

――(詞・阿久悠、曲・森田公一)

というような男と終生の友情を契りたいものだ、と。理想像の結末がどうであったかは、冒頭に借りた阿久さんの〈夢は砕けて夢と知り〉から推察していただくしかない。
人は歌からなにがしかの夢をもらう。いつも不思議に思うのは、夢を贈るサンタたちがいずれも、さびしい言葉を残していることである。作曲家、作詞家、歌手の順に。

さびしき歌びと、その一――古賀政男

東京・渋谷にある「古賀政男音楽博物館」に、どこかへ発表するつもりであったのか、死去の二日前にしたためたという手書きのメモが展示されている。

今宵も又ナツメロ大会を放送している。私の歌はいつまで繰り返されるのだろう。

私の歌の好きな人は、みんな悲しい人達ばかりだ。
早くこんな歌が唄われなくなる日が来ると好《よ》い。
悲しみなんか、もうたくさんだ。戦争の傷跡も、ピカドンの慟哭《どうこく》も、早く早く消えろ。
そして古賀メロディも早く去れ。

——古賀政男（「古賀政男音楽博物館」にて）

さびしき歌びと、その二——西條八十《やそ》

蝶

やがて地獄へ下るとき、
そこに待つ父母《ちちはは》や
友人に私は何を持つて行かう。

たぶん私は懐から

蒼白《あおざ》め、破れた
蝶の死骸をとり出すだらう。
さうして渡しながら言ふだらう。

一生を
子供のやうに、さみしく
これを追つてゐました、と。

——西條八十（北村薫「詩歌の待ち伏せ」、文藝春秋）

蝶の死骸とは、みずからが書いた数々の歌を指すのだろう。

さびしき歌びと、その三——美空ひばり

最晩年の名曲『みだれ髪』は星野哲郎さんが詞を書き、船村徹さんが曲をつけた。星野さんは原詩を短く削って現在の形に整えたのだが、その作業の過程でひばりさんから手紙をもらった。「削ったなかの一節をぜひ、復元してほしい」という。その一節とは〈ひとりぼっちにしないでおくれ〉。復元が叶い、三番の歌詞にはいま、〈暗《くら》や涯《は》てなや塩屋の岬／見えぬ心を照らしておくれ／ひとりぼっちにしないでおくれ〉とある。

あるとき、ひばりさんがポツリと洩らした言葉。

美空ひばりには神様がついているけど、加藤和枝には神様がついていない。

——美空ひばり（森啓「美空ひばり　燃えつきるまで」、草思社）

どの歌びとも、自分の羽根を抜いては布を織る夕鶴の面影を宿している。

「ポップス」は全盛を誇り、「演歌」も健在であるのに、「歌謡曲」という言葉を耳にすることがない。〈飢餓と、飢餓あるがゆえに一層美しい憧憬と、歌謡曲はその二つから生まれる〉とは阿久さんの言葉だが、どちらもいまは日常から遠く去ったようである。歌謡曲は死んだ、という人もいる。あるいは、そうかも知れない。

なかにし礼さんに、ポルトガルの民族音楽ファドの傑出した独唱者、アマリア・ロドリゲスを語った文章がある。その一節。

ファドはアマリア・ロドリゲスとともに死に絶え、そして彼女とともに不滅であろう。

——なかにし礼「天上の音楽・大地の歌」(音楽之友社)

歌謡曲もまた、阿久悠とともに死に絶え、そして彼とともに不滅であろう。

赤門とバカモン

江戸期の連歌師、肖柏《しょうはく》に、茶の湯の席で話題にしてはいけないものを並べた狂歌がある。

わが仏　隣の宝　婿舅《むこしゅうと》　天下の軍《いくさ》　人の善悪

——肖柏（丸谷才一、山崎正和「日本史を読む」、中公文庫）

信心や宗旨にかかわること、ひとさまの財産や懐具合、家庭の事情、政治向きの事柄、そこにいない人のうわさ話……ということだろう。風雅の交わりにふさわしくない話題をもう一つ付け加えるならば、学歴にまつわる話がそうかも知れない。

『週刊朝日』の名編集長として知られた扇谷正造氏はそのポストについたとき、何人かの先輩から、「吉川さんの前で学校の話は禁物だよ」、そう忠告されたという。何年かの交友がつづいたのち、扇谷氏は吉川英治に直接そのことを問うてみた。

いや、そんなことに気をつかうことはないよ。ただね、僕が淋しいと思うのは、同級生がいないということだけだよ。小学校もろくに卒業していない、そんなことは僕はもう気にしていませんよ。僕は努力し、いささかの知識も得た。しかし、学校友達が多いということは、うらやましいことだね。

君たちには、小学校時代の友、中学の友、高校の友、大学の友と、それぞれ、時期時期に応じての学校友だちがいるだろう。僕にはそれがないのだよ。

——吉川英治（扇谷正造「吉川英治氏におそわったこと」、六興出版）

同じく不動の人気作家でありながら、また同じく、おもに男を描く〝男性専科〟に属しながら、松本清張の場合は違った。〈もう気にしていませんよ〉とは最後まで言わず、学歴という怨念の炎を終生、胸にかざしつづけた人である。

現に私のところには毎年、各新聞社から年鑑に収録する資料としてカードを送ってくるが、それには必ず卒業学校名という欄がある。私がそれに「小学校卒」と書くと、子供はのぞき込んで暗い顔をする。

この時、私は子供たちに云うのである。「人生は卒業学校には依らない。会社はそうかもしれないが、人生には卒業学校欄というものはないのだよ」

(中略)大学を出ているくせに、詰らない男に出会うと、やはり安らぎを覚える。

(中略)私は立志伝の精神を説こうとは思わないが、社会がすでに学歴の有無にそれだけの評価をつけたら、その落差だけの闘志は持ちたいと思う。

——松本清張「実感的人生論」(中公文庫)

『君の名は』や『放浪記』の劇作家、菊田一夫は物ごころつかぬうちに捨てられた。他家を転々とし、小学生のときに養父から小僧奉公に出され、その養父からも捨てられた。自叙伝は〈私は小学校も満足に卒業していないのである〉という一行からはじまる。

私は、十八の年に、東京に出てきた。しかし、私には学歴が全然ない。小学校の卒業証書もない。ただ一人で東京に出てきて、仕事を探しても、卒業証書もないため、どこでもやとってくれない。最後には、便所掃除の口をみつけて行ってみた。便所掃除なら、小学校を出ていなくてもよいだろうと考えたのである。しかし、やっぱりことわられてしまった。この時ばかりは私もおこってしまって、「便所掃除にどうして中学校の卒業免状がいるんだ」と、けんかしてしまった。おこりながらも、学歴のない悲しさを、子ども心にしみじみ味わったのである。

そのあとしばらくは、こうした苦労にいじめられとおした。学校を出ていないということは、こんなにも苦しいものかということをつくづく考えてしまった。世の中には、学歴がなくてもいい仕事がいっぱいあるにはあるが、やはり、どんなに苦しくても、無理をしてでも学歴は多くもっていたほうがいい。余分な苦労をしなくてすむのだ。

——菊田一夫「流れる水のごとく」(オリオン出版社)

吉川英治の言葉がたたえた枯淡の静けさには、求道者『宮本武蔵』の趣がある。松本清張の言葉から響くギリギリと歯を食いしばる音には、その社会派ミステリーにしばしば登場する人物像、下積みの暗い情念に身を焼く小身者の姿が浮かんでくる。菊田一夫の噛んで含めるように後進を教え諭す言葉はいかにも、戦争孤児の物語『鐘の鳴る丘』を書いた人の語り口である。吉川の悟り、清張の怒り、菊田の哀しみ、作風とはなるほど、人から生まれるものらしい。

東洋史家の内藤湖南は秋田師範卒、新聞記者を経て京都帝大の教授になった。湖南を迎えたい大学側の意向が最後は通ったものの、文部省の役人は当初、就任に強く難色を示したという。言い草がふるっている。学歴差別の名言というべきか。

たとえ、孔子様であれ、孟子様であれ、帝国大学を出ていなければ教授にすることはできません。

——文部官僚某〈司馬遼太郎〈司馬遼太郎対話選集2〉「歴史を動かす力」、文藝春秋〉

この稿の表題は、学歴の物差しで人を計測することのくだらなさを象徴する言葉として掲げたつもりである。筆者の考案したシャレではない。

東大出には、『赤門』と『バカモン』がある。
——山藤章二（川村二郎「いまなぜ白洲正子なのか」、東京書籍）

内藤湖南を排斥しようとした文部官僚氏は「バカモン」の右代表であったろう。田中角栄が憲政史上の最年少、四十四歳で大蔵大臣に就任したのは一九六二年（昭和三十七年）のことである。東大法学部卒が大半を占める「官僚のなかの官僚」たちを前にして、就任の演説をおこなった。その冒頭と末尾を。

私が田中角栄だ。小学校高等科卒である。（中略）できることはやる。できないことはやらない。しかしすべての責任は、この田中角栄が負う。以上。
——田中角栄（猪木武徳〈日本の近代7〉「経済成長の果実」、中央公論新社）

政治家の演説集を編む折があれば、ぜひとも収めたい逸品である。

方言と余情

新聞社では急ぎの原稿を、出先から電話で送ることがある。原稿のなかに「イトウ」とあれば、「伊藤」か「伊東」か「井藤」か、受け手は漢字の綴りを確かめなくてはならない。

新聞記者出身のコラムニスト、青木雨彦さんに回想談がある。

「イトウのイは、イタリアのイだね?」

「サンズイのイだ」

「サンズイのイ?」

「そうです。イドのイです」

「井戸のイに、サンズイがあるかね?」

「ありますよ。だってオイドのイだもん」

「オイド?」

「ええ、オイドニホンバシのイです」


——青木雨彦「冗談の作法」(ダイヤモンド社)

国文学者の池田彌三郎さんが同業の友、金田一春彦さんに語った話も愉しい。池田さんが夫人と福島県のひなびた温泉に旅したときのことという。夕方、宿の下駄をつっかけ、散歩に出ようとした。


すると、宿屋の番頭が玄関のところにいて、「じいさん、ばあさん、お出かけ」と大声で怒鳴ったという。自分は確かに若くはないが、じいさん、ばあさんと呼ばなくてもいいだろうと思いながら、一回り散歩して帰ってきたところが、再びその番頭が「じいさん、ばあさん、お帰り」と言った。池田氏はつかつかと番頭の前へ行き、

「きみ、いくら何でもぼくたちをじいさん、ばあさん呼ばわりすることはないだろう。少しは違った言い方があるんじゃないか」

と抗議した。すると今度は番頭の方が面食らった表情で、そんなことを言った覚えはないという。一体どういうことかと思ってよく聞いてみると、池田氏の泊まった部屋の番号が一三番だった。「ずうさんばんさんお出かけ」と言ったのである。

——金田一春彦「日本語を反省してみませんか」(角川書店)

夫妻はきっとあとあとまで、番頭さんがくれた「想い出」という土産をサカナに、折に触れては思い出し笑いをしたことだろう。

方言の名文、その一——水俣

会話の部分が標準語で書かれていたならば、現在のような、読む人の魂を揺さぶる不朽の名著たり得たかどうか。水俣病にかかった娘(さつき)の最期を語る母の言葉。

おとろしか。おもいだそうごたなか。人間じゃなかごたる死に方したばい、さつきは。（中略）ギリギリ舞うとですばい。寝台の上で。手と足で天ばつかんで。背中で舞いますと。これが自分が産んだ娘じゃろかと思うようになりました。犬か猫の死に際のごたった。

——石牟礼道子「苦海浄土」（講談社文庫）

方言の名文、その二——博多

女性から「あなたを愛しています」と言われるよりも、「ああたば好いとる」と言われるほうが、たぶんズシンとこたえるだろう。そう語ったのは、いまは亡き詩人の川崎洋さんである。方言が用いられた詩のアンソロジーを編み、みずからも書いた。

「カレイ」

九州の飲み屋でのこと／となりの若者が／箸を上手に使って／焼ガレイを見事に食べていた／そのまま標本に出来るほど／きみ　きれいに食べるね／と声を掛ければ／カレ　こちらも見ずに／はいネコが月謝払って／魚の食べ方ば習いに来よります

――川崎　洋「交わす言の葉」(沖積舎)

快活で生気みなぎる青年の横顔が浮かんでくるのは、方言の功徳である。

方言の名文、その三――津軽

作家の藤沢周平さんは、テレビでその詩が朗読されるのを聴いた。随筆に書いている。〈難解な方言詩なので、意味は半分ぐらいしかわからなかったが、私はその詩を聞きながら、血が凍ったようになり、身動き出来なくなってしまった〉(中公文庫『周平独言』「まるめろ」)

「陽《シ》コあだネ村」
この村サ一度《イッド》だて
陽《シ》コあだたごとあるガジヤ

家《エ》の土台《ドデ》コアみんな潮虫《スノムス》ネ噛《カ》れでまてナ
後《ウスロ》ア塞《フサ》がた高《タ》ゲ山ネかて潰《ツブ》されで海サのめくるえンたでバナ
見ナガ
あの向《ムゲ》の陽《シ》コあだてる松前《マツメ》の山コ
あの綺麗《キレ》だだ光《シカリ》コア一度《イツド》だて
俺等《オランド》の村サあだたごとアあるガジヤ
みんな貧ボ臭せくてナ

生臭せ体コしてナ
若者等《ワゲモノンド》アみんな他処《ホガ》サ逃《ネ》げでまて
頭《アダマ》サ若布《ワガメ》コ生《オ》えだえンた爺媼《ジコババ》ばりウヂヤ〳〵てナ
ああ　あの沖《オギ》バ跳る海豚《エルガ》だえンた倅等《ヘガレンド》ア
何処《ド》サ行《エ》たやだバ
路傍《ケドバダ》ネ捨《ナゲ》られでらのアみんな昔《ムガシ》の貝《ケ》殻《カラ》だネ
魚《サガナ》の骨《トゲ》コア腐たて一本《エッポ》の樹コネだてなるやだナ
朝《アサマ》モ昼《スルマ》もたンだ濃霧《ガス》ばりかがて

晩《バゲ》ネなれば沖《オギ》で亡者《モンジャ》泣いでセ

——高木恭造　方言詩集「まるめろ」（津軽書房）

つっかえつっかえ声に出して読んでいると、亡霊の泣く暗い海が見えてくる。藤沢さんの言うように、難解にして血の凍る名文だろう。

方言のなかでいちばん好きな言葉を紹介して、この稿を閉じる。

きしみずよせる（岸水寄せる）

——（川崎洋「感じる日本語」、思潮社）

なにか悔しいことがあり、子供が目にいっぱい涙をためている。いまにもこぼれそうなありさまを指す岩手の古い言い回しという。ほうら、岸に水が寄せてきたぞ。祖父母はそう囃《はや》しながら、泣きべそをかいた孫の頭をやさしく撫でたのだろう。

バクチと運

出世の秘法については前述したので、ここではサラリーマンにとってのもう一つの関心事、賭けごとに負けないための秘策に触れておく。安藤鶴夫の小説にバクチ必勝の八条件を語ったくだりがある。こちらは、干支の絵を壁に飾って済むほど簡単ではない。

一心《いっしん》（負けたって何でもない、という大きな心）
二物《にぶつ》（豊富な持ち金。百円負けたら二百円賭ける。二千円取られたら四千円賭ける）
三上《さんじょう》（巧みな腕前）
四根《しこん》（見落としをしない集中力が保てるだけの根気）
五力《ごりき》（負けたときに言いがかりをつけ、喧嘩で負け分を取り返せる腕力）
六論《ろくろん》（相手をいらつかせる弁舌）

七盗《しちとう》（いかさまの技術）
八害《はちがい》（七つを以て負けたる時は、その相手を切り殺して取るより、ほかのことなし）
——安藤鶴夫「三木助歳時記」（河出文庫）

つまるところ、賭けごとに必勝法はないようである。

渡る世間は丁目と半目　善いと悪いは一つ置き
——長谷川伸（吉川潮「芝居の神様」、新潮社）

一つ置きで勝率五割ならば、まずはよしとしなくてはなるまい。
藤沢秀行、月亭可朝、色川武大《いろかわたけひろ》……賭けごとと聞いて、思い浮かぶ名前が三つある。家を三年留守にした囲碁のシューコー先生は、その方面の猛者でもあった。

米長　三〇年くらい前に、一点で二五〇万も車券を買ったことがあるそうですね。
先生は金網にへばりついて二番手の選手に向かって、「ガマーン、ガマーン」とあらんかぎりの声で絶叫した。しかし、ほんのわずかの差で二五〇万の車券は紙クズになった。先生が摑《つか》んでいた金網は菱形にひしゃげていた。それは「秀行引き寄せの金網」と呼ばれて、その競輪場の名所になった。そういう伝説を芹沢さん（博文＝将棋棋士）から聞きました。なんでも、競輪には億単位のお金を使ったとか。

——藤沢秀行、米長邦雄「勝負の極北」（クレスト社）

東にシューコー先生あれば、西にはこの人がいる。月亭可朝さんは野球賭博の容疑で警察のやっかいになったことがある。

可朝は取調官に「お上のやってる競馬や競輪はよくて、野球賭博はどうしていけないのか」と聞いた。取調官は「野球賭博は暴力団の資金源になるからいけないのだ」と答えた。ここで可朝は伝説に残る名文句を吐いた。

「そら、負けて賭金《かね》を取られた場合でっしゃろ。わしは勝っとるから暴力団から吸い上げとる。表彰してほしいくらいのもんや」

——吉川　潮「完本・突飛な芸人伝」（河出文庫）

ちなみに可朝さんの生年月日は、いまは亡き古今亭志ん朝さんと同じという。一九三八年（昭和十三年）の三月十日である。

博打《ばくち》はよしなよ。名前のとおり、場で朽ちるってんだ。

——古今亭志ん朝　落語「三枚起請」（「志ん朝の落語3」、ちくま文庫）

棟梁が弟分に説いて聞かせる噺のせりふではあるが、なにやら、誕生の年月日を同じくする同業仲間に向けた忠言のようにも聞こえる。可朝さんは桂米朝さんの弟子で「小米朝」を名乗った時期もあり、上方落語のホープとして将来を嘱望されてもいたのだろう。

同じ日に生まれて、同じように落語家になって、芸名にも同じ「朝」の字が付いてて、どうしてこんなに違《ちゃ》うんやろ。

——月亭可朝（吉川潮「完本・突飛な芸人伝」、河出文庫）

その言葉に、思い出した江戸川柳がある。

琴になり下駄になるのも桐の運

——川柳（浜田義一郎編「江戸川柳辞典」、東京堂出版）

同じ桐の木でも、白い指に撫でられて過ごす一生と、足の裏に踏まれて過ごす一生と、もって生まれた運不運を詠んでいる。でも、どうだろう。琴に口があれば、「あちこち物見遊山を楽しめる下駄がうらやましい」と、座敷に閉じこもる身を嘆くかも知れない。次代の名人とうたわれ、その重圧を伴侶に生きた人と、つまずきも芸の彩りに変えて奔放に生きた人と、いずれが幸運であり、不運であるのか、さだめがたいのが人生だろう。

青春期に漂泊無頼の時をもち、阿佐田哲也の筆名で『麻雀放浪記』を書いた色川武大さんは、勝負ごとを通して「運」を見つめた人である。晩年の随筆に書いている。

近年、私は、人間はすくなくとも、三代か四代、そのくらいの長い時間をかけて造りあげるものだ、という気がしてならない。(中略)人間には、貯蓄型の人生を送る人と、消費型の人生を送る人とあって、自分の努力が報いられない一生を送っても、それが運の貯蓄となるようだ。多くの人は運を貯蓄していって、どこかで消費型の男が現れて花を咲かせる。わりに合わないけれども、我々は三代か五代後の子孫のために、こつこつ運を貯めこむことになるか。

——色川武大「いずれ我が身も」(中公文庫)

正確に数えたわけではないが、本書に引用した文章は二百と三百の間だろう。生きるうえで影響を受けたということでは、この一文にまさるものはない。つらい出来事に遭遇したとき、嘆くより先に「ああ、また、運を貯蓄してしまったな」と苦笑するのも、うれしい出来事に出合ったとき、小躍りするより先に「誰かが貯蓄してくれた運を取り崩してしまった」と申し訳なく感じるのも、色川さんの文章に接して身についた習わしである。

筆者の母は幼くして養女となり、長じては結婚に失敗し、老いては親不孝の息子を持って独り暮らしをし、最後は脳溢血に倒れて看取る者のないまま逝った。運を貯蓄するために生まれてきたような人である。こういう能天気な本が書けたのも、貯蓄のお蔭だろう。

巻頭に掲げた献辞の空欄に母の名をしるし、ひとまず筆をおく。

本書で引用した名文のブックリスト（登場順）

「ミザリー」スティーヴン・キング（文春文庫）
「桂米朝コレクションⅠ」（ちくま文庫）
「『歌』の精神史」山折哲雄（中公叢書）
「哲学談議とその逸脱」田中美知太郎（新潮選書）
「岩波ことわざ辞典」（岩波書店）
「娯楽・極楽・お道楽」高田文夫（中公文庫）
「夜ふけのカルタ」戸板康二（旺文社文庫）
「文人たちの句境」関森勝夫（中公新書）
「極楽TV」景山民夫（JICC出版局）
「志賀直哉」阿川弘之（新潮文庫）
「ユーモアのレッスン」外山滋比古（中公新書）
「再会の手帖」関容子（幻戯書房）
「もう一度逢いたい」森繁久彌（朝日文庫）
「古川ロッパ昭和日記」（晶文社）
「東海道中膝栗毛」十返舎一九（岩波文庫）
「夢声戦争日記　抄」（中公文庫）
「日本宰相列伝　佐藤栄作」衛藤瀋吉（時事通信社）
「時の墓碑銘」小池民男（朝日新聞社）
「シルバー川柳」全国有料老人ホーム協会
「ことば　さまざまな出会い」見坊豪紀（三省堂）
「青春論」亀井勝一郎（角川文庫）
「工藤直子詩集」（ハルキ文庫）
「現代百人一首」岡井隆（朝日文芸文庫）
「日本大歳時記」（講談社）
「島田修三歌集」（砂子屋書房）
「山の音」川端康成（岩波文庫）
「川柳でんでん太鼓」田辺聖子（講談社文庫）
「法窓余話」（財団法人司法協会）
「完本　一月一話」淮陰生（岩波書店）
「吾輩は猫である」夏目漱石（岩波文庫）
「マスコミ交遊録」扇谷正造（文藝春秋新社、騒人社）
「徳川夢声対談集　問答有用　文学者篇」（深夜叢書社）

「暮らしの中の日本語」池田彌三郎（ちくま文庫）
「ことばのくずかご六〇年代版」見坊豪紀（筑摩書房）
「浮かれ三亀松」吉川潮（新潮文庫）
「花咲くうた」俵万智（中公文庫）
「対談　日本語を考える」大野晋編（中公文庫）
「歌ことばの辞典」佐佐木幸綱（新潮選書）
「談志百選」立川談志（講談社）
「倉本聰コレクション11　2丁目3番地」（理論社）
「魂のいちばんおいしいところ　谷川俊太郎詩集」（サンリオ）
「寄席おもしろ帖」長井好弘（うなぎ書房）
「明治人物逸話辞典」森銑三編（東京堂出版）
「エレガントな象」阿川弘之（文藝春秋）
「不実な美女か貞淑な醜女か」米原万里（新潮文庫）
「ことばの歳時記」金田一春彦（新潮文庫）
「古代への情熱」シュリーマン（岩波文庫、新潮文庫）
「大杉栄　自由への疾走」鎌田慧（岩波現代文庫）
「ガセネッタ&シモネッタ」米原万里（文春文庫）
「茶話」薄田泣菫（岩波文庫）
「人間通」谷沢永一（新潮選書）
「『サラ川』傑作選すごろく」（講談社）
「風流俗謡集」（言文社）
「ことばの流星群」大岡信編（集英社）
「『サラ川』傑作選はらはちぶ」（講談社）
「本が好き、悪口言うのはもっと好き」高島俊男（文春文庫）
「歌は心でうたうもの」船村徹（日本経済新聞社）
「ことばのくずかご」見坊豪紀（筑摩書房）
「ことばの海をゆく」見坊豪紀（朝日選書）
「ことばの遊び学」見坊豪紀（ＰＨＰ研究所）
「ゴシップ的日本語論」丸谷才一（文春文庫）
「新折々のうた」大岡信（岩波新書）
「第九折々のうた」大岡信（岩波新書）
「お楽しみはこれからだ」和田誠（文藝春秋）

「新折々のうた７」大岡信（岩波新書）
「古典落語　圓生集〈下〉」（ちくま文庫）
「島井宗室」田中健夫（吉川弘文館）
「書物の森の狩人」出久根達郎（角川選書）
「アシモフの雑学コレクション」アイザック・アシモフ（新潮文庫）
「江戸川柳の魅力」吉澤靖（真珠書院）
「どくとるマンボウ青春記」北杜夫（新潮文庫）
「日本語と私」大野晋（朝日新聞社、新潮文庫）
「忘れ得ぬことども」辰野隆（福武書店）
「遺言川柳」（幻冬舎文庫）
「老いの思想」安西篤子（草思社）
「詩歌の森へ」芳賀徹（中公新書）
「行蔵は我にあり」出久根達郎（文春新書）
「同時代を生きて」瀬戸内寂聴、ドナルド・キーン、鶴見俊輔（岩波書店）
「人間最後の言葉」クロード・アヴリーヌ（ちくま文庫）

「炎立つとは」福本邦雄（講談社）
「鞍馬天狗のおじさんは」竹中労（ちくま文庫）
「愚者の旅」倉本聰（理論社）
「定本　北の国から」倉本聰（理論社）
「溝口健二というおのこ」津村秀夫（実業之日本社）
「蜷川幸雄伝説」高橋豊（河出書房新社）
「日本の鶯」関容子（講談社文庫）
「安岡章太郎エッセイ全集Ｖ」（読売新聞社）
「プーさんの鼻」俵万智（文春文庫）
「ブラウン監獄の四季」井上ひさし（講談社文庫）
「君死にたもうことなかれ」茨木のり子（童話屋）
「江分利満氏の優雅なサヨナラ」山口瞳（新潮文庫）
「句集　初雁」長谷川櫂（花神社）
「バタヤンの人生航路」田端義夫（日本放送出版協会）
「短歌をよむ」俵万智（岩波新書）
「歌集　紅」河野裕子（ながらみ書房）
「五体不満足」乙武洋匡（講談社、講談社文庫）

「秀作ネーミング事典」（日本実業出版社）
「塀の中の懲りない面々」安部譲二（文春文庫、新風舎文庫）
「世界ビジネスジョーク集」おおばともみつ（中公新書ラクレ）
「落語歳時記」矢野誠一（文春文庫）
「銀座の柳」車谷弘（中公文庫）
「蝦蟇の油」黒澤明（岩波現代文庫）
「現代の随想　巻八」寺田寅彦（彌生書房）
「扇谷正造対談集　表の風に吹かれろ」（産業能率短大出版部）
「新しい天体」開高健（光文社文庫）
「日本の名随筆〈学校〉」（作品社）
「目から脳に抜ける話」養老孟司、吉田直哉（ちくま文庫）
「日本故事物語」池田彌三郎（河出書房新社）
「マイ・アメリカン・ジャーニー」コリン・パウエル（角川文庫）
「隆元のはだか交友録」細川隆元（山手新書）
「チャップリン自伝」（新潮文庫）
「周平独言」藤沢周平（中公文庫）
「トットチャンネル」黒柳徹子（新潮文庫）
「歌舞伎ちょっといい話」戸板康二（岩波現代文庫）
「演技者　小林桂樹の全仕事」草壁久四郎（ワイズ出版）
「新宿海溝」野坂昭如（文春文庫）
「ドリトル先生アフリカゆき」ロフティング（岩波少年文庫）
「寺内貫太郎一家」向田邦子（岩波現代文庫）
「新明解国語辞典」第六版（三省堂）
「ザ・ロイヤルズ」キティ・ケリー（祥伝社）
「富嶽百景」太宰治（岩波文庫）
「井伏鱒二対談選」（講談社文芸文庫）
「志ん生艶ばなし」（ちくま文庫）
「海軍こぼれ話」阿川弘之（光文社文庫）
「漱石先生ぞな、もし」半藤一利（文春文庫）

「数と量のこぼれ話」小泉袈裟勝（日本規格協会）
「くまぐす外伝」平野威馬雄（ちくま文庫）
「書を読んで羊を失う」鶴ケ谷真一（白水社、平凡社ライブラリー）
「すごい言葉」晴山陽一（文春新書）
「フランス名句辞典」田辺保編（大修館書店）
「コラムの饗宴」紀田順一郎（実業之日本社）
「大正人物逸話辞典」森銑三編（東京堂出版）
「糸井重里の萬流コピー塾U・S・A」（文藝春秋）
「らくごDE枝雀」桂枝雀（ちくま文庫）
「昔をたずねて今を知る〈読売新聞で読む明治〉」出久根達郎（中央公論新社）
「両手いっぱいの言葉」寺山修司（新潮文庫）
「竹山広全歌集」（雁書館）
「私の中の流星群」草野心平（新潮社）
「おひさまのかけら」川崎洋編（中央公論新社）
「とりあえず!?」横澤彪、山藤章二（講談社）
「楽屋の王様」高田文夫（講談社文庫）
「放送ばなし」和田信賢（青山商店出版部）
「志村正順のラジオ・デイズ」尾嶋義之（新潮文庫）
「一行詩歌　閑話休題」佐藤延重（角川書店）
「ポー短編集II」エドガー・アラン・ポー（新潮文庫）
「ふぞろいの林檎たち」山田太一（大和書房）
「文人悪食」嵐山光三郎（新潮文庫）
「続・世界の日本人ジョーク集」早坂隆（中公新書ラクレ）
「大統領たちの通信簿」コルマック・オブライエン（集英社インターナショナル）
「食前食後」池田彌三郎（日本経済新聞社、旺文社文庫）
「ことば遊びの楽しみ」阿刀田高（岩波新書）
「ことば遊び」鈴木棠三（中公新書）
「ベースボールと日本野球」佐山和夫（中公新書）
「同行二人」徳川夢声（養徳社）
「回想鈴木大拙」西谷啓治（春秋社）

「短歌博物誌」樋口覚（文春新書）
「まど・みちお全詩集」（理論社）
「昭和のエンタテインメント50篇〈上〉」（文春文庫）
「愛すべき名歌たち」阿久悠（岩波新書）
「羊たちの沈黙」トマス・ハリス（新潮文庫）
「火車」宮部みゆき（新潮文庫）
「江戸のこばなし」宇野信夫（文春文庫）
「泉鏡花集成十二」（ちくま文庫）
「男うた女うた〈男性歌人篇〉」佐佐木幸綱（中公新書）
「時代を映したキャッチフレーズ事典」（電通）
「日本の名随筆〈酒〉」（作品社）
「ロシアは今日も荒れ模様」米原万里（講談社文庫）
「お楽しみはこれからだ 3」和田誠（文藝春秋）
「わが人生の時の人々」石原慎太郎（文春文庫）
「あの人この人いい話」文藝春秋編（文春文庫）
「袖のボタン」丸谷才一（朝日新聞社）
「折々のうた」大岡信（岩波新書）

「明石海人全歌集」（短歌新聞社）
「相良宏歌集」（白玉書房）
「辞世のことば」中西進（中公新書）
「〈さようなら〉の事典」窪田般彌、中村邦生（大修館書店）
「たのしい話いい話」文藝春秋編（文春文庫）
「収容所群島」ソルジェニーツィン（新潮文庫）
「ロシアのユーモア」川崎浹（講談社選書メチエ）
「ホンダ神話」佐藤正明（文春文庫）
「ソニーと松下」立石泰則（講談社＋α文庫）
「百貌百言」出久根達郎（文春新書）
「わたしの渡世日記」高峰秀子（文春文庫）
「べけんや」柳家小満ん（河出文庫）
「落語無頼語録」大西信行（角川文庫）
「勝負の極北」藤沢秀行、米長邦雄（クレスト社）
「木槿の花」山口瞳（新潮文庫）
「杉山平一詩集」（土曜美術社）
「詩歌の待ち伏せ」北村薫（文春文庫）

「日本語を反省してみませんか」金田一春彦（角川oneテーマ21）
「苦海浄土」石牟礼道子（講談社文庫）
「交わす言の葉」川崎洋（沖積舎）
「方言詩集　まるめろ」高木恭造（津軽書房）
「感じる日本語」川崎洋（思潮社）
「三木助歳時記」安藤鶴夫（河出文庫）
「芝居の神様」吉川潮（新潮社）
「完本・突飛な芸人伝」吉川潮（河出文庫）
「志ん朝の落語3」（ちくま文庫）
「江戸川柳辞典」浜田義一郎編（東京堂出版）
「いずれ我が身も」色川武大（中公文庫）

「美空ひばり　燃えつきるまで」森啓（草思社）
「天上の音楽・大地の歌」なかにし礼（音楽之友社）
「日本史を読む」丸谷才一、山崎正和（中公文庫）
「吉川英治氏におそわったこと」扇谷正造（六興出版）
「実感的人生論」松本清張（中公文庫）
「流れる水のごとく」菊田一夫（オリオン出版社）
「司馬遼太郎対話選集4　近代化の相剋」（文春文庫）
「いまなぜ白洲正子なのか」川村二郎（東京書籍）
「日本の近代7　経済成長の果実」猪木武徳（中央公論新社）
「冗談の作法」青木雨彦（新潮文庫）

重複して紹介された本はまとめて掲載いたしました。中には現在絶版となっている本も含まれます。なお、本文中では、著者が引用した元本を出典として記しましたが、ブックリストでは文庫化されたものなど、より入手しやすいと思われるものに差しかえてあります。ただ、文庫化されたものでも既に絶版となっている作品が多く含まれます。（編集部）

竹内政明（たけうち　まさあき）

1955（昭和30）年、神奈川県横浜市生まれ。北海道大学文学部哲学科（宗教学専攻）卒業。読売新聞論説委員。朝刊一面コラム「編集手帳」6代目執筆者（2001年7月～現在）。著書に、『名セリフどろぼう』『読売新聞朝刊一面コラム「編集手帳」』（中公新書ラクレ、現在、第17集まで刊行中）。

文春新書

745

名文《めいぶん》どろぼう

2010年（平成22年）3月20日　第1刷発行
2011年（平成23年）3月10日　第8刷発行

著　者　竹内政明
発行者　飯窪成幸
発行所　株式会社 文藝春秋

〒102-8008　東京都千代田区紀尾井町3-23
電話（03）3265-1211（代表）

印刷所　大日本印刷
付物印刷　大日本印刷
製本所　大口製本

定価はカバーに表示してあります。
万一、落丁・乱丁の場合は小社製作部宛お送り下さい。
送料小社負担でお取替え致します。

ISBN978-4-16-660745-7